DIE RÖMER

VON KAISERN, GÖTTERN UND GLADIATOREN

DIE RÖMER

VON KAISERN, GÖTTERN UND GLADIATOREN

John Malam

Fachliche Beratung

Guy de la Bédoyère

Dorling Kindersley

LONDON, NEW YORK, MÜNCHEN,
MELBOURNE, DELHI

Projektbetreuung Steve Setford
Gestaltung Peter Radcliffe
Lektorat Fran Jones
Bildredaktion Stefan Podhorodecki
Cheflektorat Jayne Parsons
Leitung Bildlektorat Jacquie Gulliver
Bildrecherche Sarah Pownall
DK-Bilder Sally Hamilton, Sarah Mills, Rose Horridge
Herstellung Erica Rosen
DTP-Design Siu Yin Ho

Die Deutsche Bibliothek – CIP-Einheitsaufnahme

Ein Titeldatensatz für diese Publikation ist bei
Der Deutschen Bibliothek erhältlich.

Titel der englischen Originalausgabe:
Megabites – Gladiator

Übersetzung Christel Opeker
Redaktion Kerstin Wendsche
Druck und Bindung L.E.G.O., Italien

ISBN 3-8310-0336-X

Besuchen Sie uns im Internet
www.dk.com

Hinweis für die Eltern

Der Verlag hat sich bemüht, möglichst aktuelle Webadressen zusammenzustellen. Allerdings ist das Internet ständigen Veränderungen unterworfen, sodass Homepages und Websites sowie Adressen nach einiger Zeit nicht mehr dem Stand bei Drucklegung entsprechen könnten. Beachten Sie bitte auch, dass Websites Texte und Bilder enthalten können, die für Kinder nicht geeignet sind, sowie Links zu für Kinder ungeeigneten Seiten. Daher kann der Verlag nicht die Verantwortung für die Websites Dritter oder deren Links übernehmen, und die aus ihnen sich ergebenden Konsequenzen. Ebenso wenig kann der Verlag garantieren, dass die in diesem Buch angegebenen Websites oder Links tatsächlich den hier gemachten Angaben entsprechen. Wir raten den Eltern dringend, dafür zu sorgen, dass ihre Kinder nur unter verantwortungsbewusster Aufsicht das Internet besuchen.

INHALT

EINLEITUNG

Stell dir folgende Szene vor: eine jubelnde Menschenmenge in einem riesigen Stadion im alten Rom. In der Arena kämpfen die Gladiatoren auf Leben und Tod. Plötzlich herrscht Stille. Ein Kämpfer liegt verwundet am Boden. Dann schreien die Zuschauer: „*Iugula!*" – „Töte ihn!"

Man kann sich heute nur noch schwer vorstellen, dass etwas so Blutrünstiges wie die Gladiatorenkämpfe stattfinden konnte. Für die Römer war es jedoch Unterhaltung, gut ausgebildeten Kämpfern zuzusehen, die mit Schwert, Dolch, Lanze, Dreizack und Netzen aufeinander losgingen.

Gladiatoren gibt es heute keine mehr. Aber auch heute noch sind wir von ihnen gleichermaßen fasziniert und abgestoßen. Allerdings bewundern wir solche blutrünstigen Kämpfe inzwischen lieber im Kino oder in Computerspielen, wo die unter-

AUF DIESEM RELIEF SIND ZWEI KÄMPFENDE FRAUEN ZU SEHEN, MÖGLICHERWEISE EIN HINWEIS DARAUF, DASS AUCH FRAUEN ALS GLADIATORINNEN KÄMPFTEN.

KAMPF AUF LEBEN UND TOD – DIESER BRONZEHELM SCHÜTZTE EINEN GLADIATOR VOR DEN TÖDLICHEN SCHLÄGEN SEINES GEGNERS.

schiedlichsten Helden gegeneinander antreten. Und die Gladiatoren werden von Schauspielern und Trickfilmfiguren gespielt. Keiner stirbt bei diesem Spektakel. Wir können virtuell in die Welt der alten Römer eintauchen.

Aber wie war es damals wirklich? In diesem Buch erfahrt ihr, wie die Römer und ihre Soldaten lebten, welche Götter sie verehrten, wie sich die Herrscher gebärdeten und wie groß das Reich war. Und vor allem werdet ihr die Gladiatoren kennen lernen, die ihr Blut im Kolosseum ließen, Roms größtem Stadion. Es war eines der beeindruckendsten Bauwerke seiner Zeit – ein wahres Weltwunder.

Wenn du dich eingehender mit diesem Thema beschäftigen möchtest, schau dir die Web-Tipps im Text an. Hier findest du spannende Internet-Adressen, die dir mehr über Rom und die Römer erzählen. Und nun geht's los! Wir nehmen dich mit auf eine Reise in die Zeit der römischen Gladiatoren.

TÖDLICHE HELDEN

Gladiatoren waren die vom Publikum verehrten Superstars ihrer Zeit. Sie verdienten Unmengen von Geld, ähnlich wie heute Musik-, Sport- und Filmstars.

Allerdings gab es einen großen Unterschied zwischen unseren Stars und den Gladiatoren: Die Gladiatoren töteten sich gegenseitig. Das gehörte zu ihrem Beruf.

WEB-TIPP
Rom und sein Weltreich:
www.markaurel.de

Fasziniert von Gewalt
Gladiatoren waren etwas typisch Römisches. Auf der ganzen Welt gab es nichts Vergleichbares, zu keiner Zeit. In jeder kleinen oder größeren römischen Stadt baute man Arenen in unterschiedlichsten Größen. Sie boten Platz für Massenveranstaltungen jeder Art, vor allem aber für die Gladiatorenkämpfe. Diese gehörten zu den beliebtesten Schauspielen des römischen Volkes. Hier konnte man Helden sehen. Kämpfende Gladiatoren wurden genauso bewundert wie Schauspieler im Theater. Die Menge jubelte den Kämpfern zu, die sich gegenseitig töteten. Es war ein gruseliges und gleichzeitig faszinierendes Spektakel. Für die damaligen Römer war es eine ganz normale Art der Unterhaltung. Erst spätere Generationen hielten diese Art von Vergnügen für die grausamste Veranstaltung, die es je gab.

Glücksbringer
Über 500 Jahre lang schauten Römer und Römerinnen begeistert beim öffentlichen Todeskampf zu. Kein Wunder, dass Gladiatoren eine wichtige Rolle in der römischen Gesellschaft spielten. Mit ihnen verbanden die Menschen magische Vorstellungen. So war es etwa üblich, dass eine Braut sich für ihre Hochzeit ihr Haar mit einer Speerspitze scheitelte, am besten mit der eines in der Arena getöteten Gladiators. Das sollte ihr Glück bringen.

IN DIESEM BILD WENDET SICH EIN BESIEGTER GLADIATOR AN DIE ZUSCHAUER, IN DER HOFFNUNG, DASS SIE SEIN LEBEN RETTEN WERDEN. ZEIGEN IHRE DAUMEN NACH UNTEN, WIRD IHN SEIN GEGNER TÖTEN.

Wahrscheinlich sollten damit böse Geister vertrieben werden, von denen man annahm, dass sie sich im Haar der Braut verfangen könnten. Dieser Brauch zeigt, wie wichtig die Gladiatoren in der Vorstellung des römischen Volkes waren.

Gefürchtete Kämpfer

So fasziniert die Menschen von den Gladiatoren waren, tief im Innern fürchteten sie sie. Schließlich waren Gladiatoren ausgebildete Kämpfer, die darauf trainiert waren, Menschen auf brutale Art vor Publikum zu töten. In alten römischen Aufzeichnungen wird berichtet, wie Gladiatoren aus ihrer Schule entflohen und Amok liefen, wobei sie jeden töteten, der ihnen in den Weg kam.

Die Römer hassten und liebten ihre Gladiatoren gleichzeitig. Sie schauten ihren starken Helden sehr gerne von ihren sicheren Zuschauerbänken im Arenarund aus zu, wie sie um den Sieg kämpften. Sie fürchteten aber gleichzeitig die Vorstellung, Gladiatoren könnten sich wie wilde Tiere völlig unkontrolliert durch die Gesellschaft bewegen. Man hielt es grundsätzlich für das Beste, ihnen nicht zu nahe zu kommen.

DIE LETZTEN GLADIATORENKÄMPFE FANDEN VOR 1600 JAHREN STATT.

DIES IST DAS GRABMAL EINES RETIARIUS – EINES GLADIATORS, DER MIT NETZ UND DREIZACK KÄMPFTE.

Ganz unten

Gladiatoren hatten in der römischen Gesellschaft eine sehr niedrige Stellung. Sie standen ganz unten, auf einer Stufe mit Sklaven und Kriminellen. Es wird berichtet, dass man sie bei Hungersnöten aus der Stadt schickte, damit sie nichts von den Getreidevorräten der römischen Bürger bekamen.

Ein getöteter Gladiator wurde in der Regel nur dann auf dem öffentlichen Friedhof bestattet, wenn der Besitzer, die Familie oder Freunde sich dafür einsetzten und die Bestattung bezahlten. Die meisten toten Gladiatoren warf man einfach zusammen mit hingerichteten Verbrechern und mit Selbstmördern in irgendeine Grube.

IN DIESER SZENE AUS EINEM MOSAIK AUS DEM 4. JAHRHUNDERT TRIUMPHIERT DER SIEGREICHE GLADIATOR ÜBER SEIN OPFER.

Doch den Bewunderern war diese niedrige gesellschaftliche Stellung egal. Wenn sie gute Kämpfer waren und den nächsten Tag erlebten, waren die Fans, darunter viele Frauen, begeistert. Die Wände der Arenen sind voller Graffitis, in denen Fans ihre Helden bejubeln. In einem Graffiti der Arena von Pompeji in Süditalien wird der Gladiator Celadus als „Held der Mädchen"

MEGAINTERESSANT

WENN EIN RÖMER VON EINEM GLADIATORENTYP TRÄUMTE, DEN MAN THRAX NANNTE, HIESS DAS, DASS ER EINE REICHE FRAU HEIRATEN WÜRDE.

DIESER BRONZEHELM SCHÜTZTE KOPF, HALS UND NACKEN EINES GLADIATORS.

bezeichnet und Crescens, ein anderer Gladiator, wird als „der Anführer" gepriesen.

Der Kaiser-Gladiator

Stell dir vor, der Bundeskanzler würde in der Öffentlichkeit mit einem Gladiator kämpfen! Genau das passierte um 180 bis 190 in Rom. Zwischen all den Gladiatoren konnte man tatsächlich den Kaiser Commodus kämpfen sehen. Es ist wirklich kaum zu glauben: ein römischer Kaiser, der in der Arena um sein Leben kämpft! Er wollte von seinem Volk eben für genauso tapfer gehalten werden wie die Gladiatoren. Ebenso tapfer im Kampf sterben wollte er jedoch sicherlich nicht. Er hatte seine Tricks, und er brüstete sich damit, 12000

GLADIATOREN BEIM ZWEIKAMPF, HIER IN EINER NACHGESTELLTEN SZENE.

MEGAINTERESSANT
DIE RÖMER GLAUBTEN, DASS DAS WARME BLUT EINES GERADE GETÖTETEN GLADIATORS EINE GUTE MEDIZIN GEGEN EPILEPSIE, EINE NERVENKRANKHEIT, WÄRE.

Gegner besiegt und 735-mal ohne Verletzungen gekämpft zu haben. Gewöhnliche Gladiatoren hatten Glück, wenn sie wenigstens einige Dutzend Kämpfe überlebten.

Unfaire Kämpfe

Kaiser Commodus war ein sehr gut ausgebildeter Kämpfer, aber das reichte nicht, um ihn ständig gegen Gladiatoren siegen zu lassen. Sein Trick bestand unter anderem darin, behinderte Gladiatoren gegen sich antreten zu lassen, etwa einmal alle Römer, die ein Bein verloren hatten. Sie durften nur mit Schwämmen werfen statt mit Steinen und der Kaiser tötete sie mit einer Keule! Auch Tiere waren seine Opfer. Einmal schlachtete er in einem 14-tägigen Blutbad in der Arena 100 Bären ab.

Der verrückte Kaiser ist nur ein Beispiel für die bedeutende Rolle der Gladiatoren in der römischen Gesellschaft. Aber wie kam es zu diesen schrecklichen Gladiatorenkämpfen? Die Geschichte der Gladiatoren hängt sehr eng mit dem Aufstieg Roms von einer Ansammlung kleiner Dörfer zu einer der größten antiken Weltmächte zusammen.

KAISER COMMODUS ERSCHRECKTE SEIN VOLK GERN DURCH SELTSAMES VERHALTEN. SCHLIESSLICH ERMORDETEN IHN SEINE HÖFLINGE, WÄHREND ER BADETE.

DER AUFSTIEG ROMS

Bis zum Jahr 300 hatte sich Rom zu einer der prächtigsten Städte der Erde und zum Zentrum eines mächtigen Reiches entwickelt. In der Stadt lebten etwa 1,5 Mio. Menschen. Prächtige Paläste und großartige Triumphbögen zeugten von Roms Siegen. Mittendrin stand das Kolosseum – das beste Gladiatorenstadion des Römischen Reiches. Doch wie begann das eigentlich alles?

Die Wölfin und die Zwillinge
Die Römer erfanden, wie viele Völker der ferneren Vergangenheit, Geschichten, um sich die Welt, in der sie lebten, zu erklären. Und irgendwann hielt man diese Mythen für Tatsachenberichte.

Die Geschichte um die Gründung der Stadt Rom ist eine der bekanntesten Legenden der Welt. Du hast vielleicht auch schon einmal von Romulus und Remus und der

Wölfin gehört. Der Legende nach hat König Amulius seine beiden Großneffen in den Fluss Tiber werfen lassen. Er hatte die Familie der beiden Jungen umgebracht und wollte die beiden ebenfalls tot sehen, weil er befürchtete, dass sie sich einmal an ihm rächen könnten.

Megainteressant
Marcus Agrippa (63–12 v. Chr.) baute das römische Kanalisationssystem aus. Die Reinigung des grössten Abwasserkanals überwachte er aus einem Segelboot!

Aber Romulus und Remus überlebten. Eine Wölfin entdeckte sie und nährte die Kinder mit ihrer eigenen Milch, bis sie von einem Hirten gefunden wurden. Dieser nahm die Jungen mit nach Hause und zog sie wie eigene Kinder auf. Sie wuchsen zu starken jungen Männern heran. Schließlich erfuhren sie, was Amulius ihnen angetan hatte, und töteten ihn.

Nach der Rache für ihre Familie beschlossen die beiden Brüder an den Ufern des Flusses Tiber eine Stadt zu bauen. Aber sie gerieten in Streit darüber,

Im 4. Jahrhundert erreichte Rom seine höchste Blüte. Im Herzen der Stadt befand sich das Kolosseum (das ovale Gebäude in diesem Modell).

DIESE BRONZESTATUE VON ETWA 500 V.CHR. STELLT DIE WÖLFIN DAR, DIE ROMULUS UND REMUS SÄUGT. DIES SOLLTE DIE RÖMER AN DEN LEGENDÄREN URSPRUNG DES RÖMISCHEN REICHES ERINNERN.

wie die Stadt heißen und wer von ihnen sie regieren sollte. Es kam zum Kampf, bei dem Romulus seinen Bruder Remus tötete. Romulus baute die Stadt alleine und nannte sie Rom.

Römische Historiker gingen davon aus, dass die Stadt Rom um 735 v. Chr. gegründet wurde. Dieses Datum ist gar nicht so weit von dem Gründungsdatum entfernt, das unsere heutigen Historiker herausfanden.

Die Wahrheit über Rom

Archäologen fanden heraus, dass die Geschichte Roms vor rund 3000 Jahren begann, also um 1000 v. Chr. Zu dieser Zeit ließen sich an der Westküste Mittelitaliens bäuerliche Siedler nieder. Die Gegend war sehr fruchtbar und damit gut für Ackerbau und Viehzucht geeignet. Sie bauten in der Nähe einer Furt durch den Fluss Tiber auf den Kuppen von sieben flachen Hügeln ihre Dörfer. Die Dörfer wuchsen und gediehen. Innerhalb von weniger als 300 Jahren bedeckten sie schon mehr Fläche als nur die Hügelkuppen und bis 750 v. Chr.

DIESE MÜNZE ZEIGT DIE STADTGÖTTIN VON ROM. IN GEBETEN BATEN ROMS BÜRGER ROMA UM SCHUTZ FÜR IHRE STADT.

WEB-TIPP
www.ewetel.net/%7E
martin.bode/Daten.htm

waren die ehemals kleinen Dörfer zu einer gemeinsamen großen Stadt zusammengewachsen. Diese Stadt wurde einige Zeit später als Rom bekannt und beherrschte große Teile Europas und des Mittelmeerraums.

Die ungeliebten Könige

Italien war damals in viele Stadtstaaten (eine Art Stammesgebiet) unterteilt, wobei jeder dieser Staaten die jeweils anderen beherrschen wollte. Rom lag in der Region Latium. Die Bewohner dieses Stadtstaates hießen Latiner. Im Norden grenzte Etrurien an Latium – die Heimat des hoch kultivierten Volkes der Etrusker. Etrurien war einst der mächtigste mittelitalienische Stadtstaat. 100 Jahre lang herrschten etruskische Könige in Rom.

Um 509 v. Chr. erhoben sich die Latiner gegen die Etrusker und warfen Tarquinius den Stolzen, den letzten der ungeliebten etruskischen Könige, aus der Stadt. Von da an regierte in Rom eine Gruppe gewählter Bürger. Rom war Republik geworden, ein Staat, in dem die Bürger ihre Regierung selbst wählten.

EIN RÖMISCHER BAUER VON DAMALS WÜRDE DAS HEUTIGE UMLAND VON ROM MIT SEINEN OLIVENBÄUMEN, WEINBERGEN, ZYPRESSEN UND KLEINEREN FELDERN OHNE PROBLEME WIEDERERKENNEN.

MEGAINTERESSANT
INCITATUS, DAS PFERD DES KAISERS CALIGULA, ASS AUS EINEM ELFENBEINTROG UND SCHLIEF IN EINEM MARMORSTALL! CALIGULA WOLLTE ES SOGAR ZUM KONSUL WÄHLEN LASSEN!

Republik und Kaiserreich

Die Römische Republik dauerte fast 500 Jahre, von 509 v. Chr. bis 27 v. Chr. In dieser ganzen Zeit wurde Rom vom Senat regiert – einer Gruppe von Männern aus den führenden römischen Familien. Dank der Senatoren wurde Rom bis 27 v. Chr. nicht wieder von einer einzigen mächtigen Person, z. B. einem König, beherrscht.

Für die alltäglichen Verwaltungsaufgaben waren Beamte zuständig: die Magistrate. Sie wurden jeweils für ein Jahr gewählt. Die beiden wichtigsten Magistrate des römischen Staats waren die Konsuln. Sie konnten Gesetze erlassen und den Feinden Roms den Krieg erklären. Die beiden Konsuln kontrollierten sich gegenseitig, damit nicht einer auf die Idee kam, die ganze Macht an sich zu reißen.

DIE EINGEFÄRBTEN TEILE DER LANDKARTE ZEIGEN, WIE DAS RÖMISCHE GEBIET WUCHS.

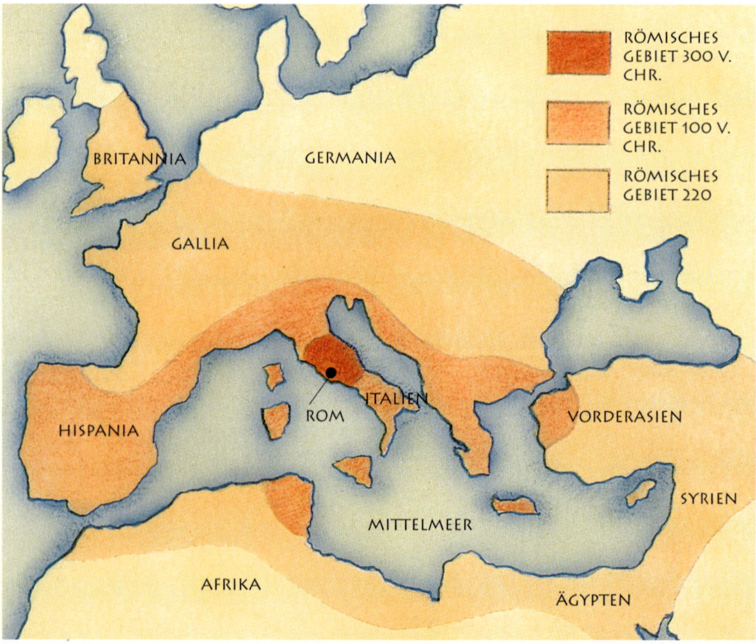

Der Aufstieg Roms
Während der Römischen Republik konnte sich Rom zur stärksten Macht Italiens entwickeln. Es unterwarf die anderen Stadtstaaten und brachte allmählich ganz Italien unter seine Kontrolle. Selbst gegen die Handelsmacht Karthago an der nordafrikanischen Küste siegte es 146 v. Chr. – nach einer Reihe von Kriegen. Damit beherrschte Rom den Mittelmeerraum. Im folgenden Jahrhundert eroberte der römische Staat im Westen große Teile Spaniens und Frankreichs und im Osten Teile Griechenlands und Syriens.

Bürgerkrieg!
Ohne eine starke Armee, die von fähigen Generälen geführt wurde, wäre Rom nie so mächtig gewesen. Gegen Ende der Römischen Republik verursachten zwei der besten römischen Generäle im Kampf um die Vorherrschaft einen Bürgerkrieg: Pompeius der Große (106–48 v. Chr.) und Julius Cäsar (100–44 v. Chr.).

IM JAHR 120 LEBTEN 50 MIO. MENSCHEN UNTER RÖMISCHER HERRSCHAFT.

DIE MACHT LAG ZUR ZEIT DER RÖMISCHEN REPUBLIK IN DEN HÄNDEN DER SENATOREN. JEDES JAHR WÄHLTE DAS VOLK EINIGE SENATOREN ZU SEINEN REGIERUNGSVERTRETERN.

Cäsar siegte und machte sich zum Diktator des Römischen Reichs, einem Herrscher, der mehr Macht hatte als die Magistrate. Die stolzen Römer ertrugen es jedoch nicht, plötzlich wieder von einer Art König beherrscht zu werden. Sie schmiedeten ein Komplott. Und 44 v. Chr. wurde Cäsar während einer Senatssitzung ermordet.

CÄSAR TRUG EINEN LORBEERKRANZ UM SEINE GLATZE ZU BEDECKEN!

POMPEIUS (LINKS) WURDE ERMORDET. SEINE MÖRDER BRACHTEN SEINEM GEGNER JULIUS CÄSAR DEN KOPF DES POMPEIUS MIT DEN WORTEN: „TOTE MÄNNER BEISSEN NICHT."

Der erste Kaiser

Bald nach Cäsars Tod kamen jedoch neue Generäle, die im Kampf um die Macht den nächsten Bürgerkrieg verursachten. Darunter war auch der General Oktavian (63 v. Chr.–14 n. Chr.), ein Neffe Cäsars.

31 v. Chr. besiegte Oktavian schließlich seine Feinde. Er war nun Roms Alleinherrscher. Oktavian wusste jedoch, dass ihn weder der Senat noch das römische Volk akzeptieren würden. 27 v. Chr. bot er deshalb dem Senat an, ihm die Macht zurückzugeben, um Frieden in die römische Welt zu bringen.

Dieser Schachzug war äußerst genial. Der Senat akzeptierte tatsächlich Oktavians Angebot, überließ ihm aber gleichzeitig den größten Teil der Macht. Oktavian erhielt

JULIUS CÄSAR WURDE WÄHREND DER SENATSSITZUNG ERMORDET. BEIM VOLK WAR ER BELIEBTER ALS BEI DEN POLITIKERN.

den Namen Augustus, das heißt: der Verehrte. Mit ihm begann die Kaiserzeit. Die nächsten 500 Jahre sollten in Rom Kaiser herrschen.

Die Marmorstadt Rom

Augustus behauptete einmal: „Ich erbte eine Ziegelsteinstadt und hinterlasse eine Mamorstadt." Er spielte mit diesem Satz darauf an, dass er die Stadt neu aufgebaut hatte. Viele der neuen Gebäude waren aus feinstem Marmor. Auch die römischen Kaiser nach ihm ließen Marmorgebäude errichten. Die Bauwerke und Triumphbögen wurden immer größer.

Mitten in Rom befand sich das Forum, ein kleiner rechteckiger Platz, der zum politischen, wirtschaftlichen, religiösen und sozialen Zentrum der römischen Welt wurde. Rund um das Forum standen die Regierungsgebäude, Gerichte und Tempel.

Von den Plattformen im Forum aus hielten die Politiker ihre Reden an das Volk. Triumphzüge verliefen über den Platz und Verbrecher wurden hier

OKTAVIAN WURDE UNTER SEINEM NEUEN NAMEN AUGUSTUS ZUM ERSTEN RÖMISCHEN KAISER. ER WOLLTE ROM DEN FRIEDEN BRINGEN.

RUND UM DAS FORUM DRÄNGTEN SICH UNZÄHLIGE TEMPEL UND ARKADEN. AUF DEM PLATZ SELBST STANDEN VIELE STATUEN, TRIUMPHBÖGEN UND SÄULEN.

hingerichtet. Selbst Gladiatorenkämpfe oder die Zurschaustellung wilder Tiere fanden zunächst hier statt, bis schließlich Kaiser Vespasian ganz in der Nähe ein für solche Spektakel geeignetes Gebäude errichten ließ. Der ovale Bau hieß zunächst Flavisches Amphitheater – nach dem Familiennamen des Kaisers. Richtig berühmt wurde es allerdings unter dem Namen Kolosseum!

Größer und schöner

Rom wuchs weiter. Im 4. Jahrhundert n. Chr. zählte man alle Gebäude der Stadt und kam auf diese beeindruckenden Zahlen: Es gab 28 Bibliotheken, 8 Brücken, 11 öffentliche Plätze (*fora*), 10 Basiliken, 19 Aquädukte, die die Bevölkerung mit täglich 760 Millionen Liter Wasser versorgten, 1352 Trinkwasserbrunnen, 11 große und 856 kleinere Badehäuser, 3 Theater, 29 Hauptstraßen,

MEGAINTERESSANT

DAS FORUM, DER ZU DIESER ZEIT WICHTIGSTE ÖFFENTLICHE PLATZ IN ROM, WURDE FRÜHER VON DEN MENSCHEN AUS DER UMGEBUNG ALS FRIEDHOF BENUTZT!

2 Rennbahnen (Circus), 2 Amphitheater, 36 Triumphbögen, 37 Stadttore innerhalb einer 50 km langen Stadtmauer, 290 Geschäfte, 254 Mühlen, 1797 Stadthäuser, die reichen Familien gehörten, 46602 Wohnungen und kleinere Häuser und dazu noch 144 öffentliche Waschanstalten! Man sieht deutlich: Rom war eine antike Großstadt.

Steinkarte

Rom zog schon in der Antike viele Touristen an. Zu deren Orientierung stellte man 200 n. Chr. einen gigantischen Stadtplan aus Marmorplatten, den *Forma Urbis*, in der Stadt auf. Er maß 18 mal 14 m! Hier war jede Straße und jede Wohnung der Stadt verzeichnet. Leider wurde dieser fantastische Plan vor langer Zeit zerstört. Archäologen fanden bisher 1163 Bruchstücke und suchen weiter nach den restlichen 85 % des riesigen Marmorpuzzles.

DAS KOLOSSEUM ERHIELT SEINEN NAMEN NACH EINER KOLOSSALEN STATUE DES KAISERS NERO, DIE IN DER NÄHE STAND.

LEGIONÄRE UND GENERÄLE

Rom war eine der ersten Weltmächte, geführt von Politikern, Generälen und Kaisern. Sie alle hatten nur eins im Sinn: Rom – und sich selbst – zu großer Macht zu verhelfen. Manche von ihnen entwickelten sich zu wahren Tyrannen, gegen die sich das Volk und die sehr einflussreiche römische Armee erfolgreich wehrten.

Die siegreiche Armee
Die römische Armee war eine gut ausgebildete Kampfmaschine. Die anführenden Generäle beherrschten alle damals wichtigen militärischen Techniken, vom Zweikampf bis zu langen Belagerungen. Sie waren darauf trainiert, um jeden Preis zu siegen. Einer der berühmtesten Aussprüche Julius Cäsars ist sicher *„Veni, vidi, vici"*, das heißt: „Ich kam, ich sah, ich siegte."

DIES SIND HEUTIGE FANS DER ANTIKEN RÖMISCHEN ARMEE, DIE DEREN AUSSTATTUNG ORIGINALGETREU NACHGEBAUT HABEN .

DAS IST DER NACHBAU EINES RIESIGEN RÖMISCHEN KATAPULTS, EINER BALLISTE. DAMIT SCHLEUDERTE MAN GEWALTIGE STEINBROCKEN ÜBER WEITE ENTFERNUNGEN. SIE WURDE VON DEN RÖMERN EINGESETZT, UM DIE VERTEIDIGUNGSANLAGE DER GEGNER ZU ZERSTÖREN.

Mit dieser Parole gingen die Soldaten in die Schlacht und eroberten ein Land nach dem anderen.

Die römischen Soldaten waren sehr gut ausgebildet und ausgerüstet. Wer ihnen in der Schlacht begegnete, hatte Glück, wenn er überlebte. Allerdings wurden Kriegsgefangene oft dazu gezwungen, Gladiatoren zu werden, und das hieß meist, in der Arena beim Zweikampf zu sterben.

Die Organisation der Armee
Der Schlüssel zum Erfolg der römischen Armee war sicher ihre gute Organsiation. Die ursprüngliche Armee hieß *legio*, das bedeutet „eine Armee aufstellen". Im 4. Jahrhundert wurde die Armee in einzelne Einheiten unterteilt, die Legionen. Zu jeder Legion gehörte eine große Zahl Soldaten, die zu Fuß kämpften, die Legionäre. Daneben gab es auch eine kleine Reitertruppe.

DIE GRÖSSTEN KATAPULTE KONNTEN STEINE 500 M WEIT SCHLEUDERN.

DIE RÖMISCHEN RÜSTUNGEN ÄNDERTEN SICH IM LAUF DER JAHRHUNDERTE. SO SAHEN SIE IM 2. JAHRHUNDERT AUS.

Die Reformer
Gaius Marius (157–86 v. Chr.) war einer der führenden Generäle und Politiker Roms. Er reformierte die römische Armee grundlegend. Zum einen waren die Soldaten nun, anders als zuvor, Vollzeitsoldaten. Außerdem öffnete er die Armee für die Armen. Die neuen Berufssoldaten wurden zum ersten Mal vom Staat bezahlt und ausgestattet. Diese Berufsarmee wurde zur bedeutendsten Streitkraft der damaligen Zeit.

Der Aufbau einer Legion
Ab dem Jahr 70 etwa gehörten 5500 Männer zu einer Legion. Diese war in 10 Kohorten plus Kavallerie und Offiziere unterteilt. Die erste Kohorte mit den besten 800 Kämpfern der Legion galt als Elitetruppe. Zu den anderen neun Kohorten zählten jeweils 480 Männer. Die Kohorten waren in Zenturien mit je

DIE SOLDATEN MARSCHIERTEN AM TAG BIS ZU 30 KM. EISENBESCHLÄGE AN DEN SOHLEN DER SCHUHE WAREN DESHALB NÖTIG.

Waffen und Rüstungen

Im 2. Jahrhundert war die römische Armee mit 300 000 Mann am stärksten. Zur Ausrüstung des Soldaten gehörten Dolch (*pugio*), Kurzschwerter (*gladius*) und ein schwerer Speer (*pilum*). Der Speer war etwas Besonderes. Er konnte vom Gegner nicht zurückgeworfen werden, weil seine Spitze sich beim Aufprall verbog oder aus der Halterung sprang.

80 Mann aufgeteilt (ursprünglich einmal 100 Mann). Eine Zenturie bestand aus 10 Gruppen von jeweils 8 Mann, die während eines Feldzugs ein Zelt miteinander teilten. Jede Zenturie wurde von einem Zenturio angeführt. Über diesem standen 6 Offiziere, die Militärtribune. Diese berieten den Legat, den Führungsoffizier der Legion.

DAS KURZSCHWERT, HIER IN DER SCHEIDE, WAR DIE WICHTIGSTE NAHKAMPFWAFFE DES LEGIONÄRS. DER SPEER WURDE GEWORFEN.

Die Rüstung bestand aus Leder- und Metallstreifen. Metallhelme schützten vor Verletzungen im Kopf-, Hals- und Wangenbereich. Mit großen rechteckigen Metallschilden wehrte man feindliche Wurfgeschosse ab. Leicht überlappend nebeneinander gehalten, bildeten die Schilde sogar einen Rund-

MEGAINTERESSANT

DIE LEGIONÄRE TRUGEN BEI IHREN MÄRSCHEN BIS ZU 40 KG AUSRÜSTUNG AUF DEM RÜCKEN. MAN NANNTE SIE DESHALB AUCH „MARIUS' MAULTIERE", NACH MARIUS, DEM REFORMER DER RÖMISCHEN ARMEE.

umschutz für eine ganze Gruppe. Die Legionäre mussten neben Rüstung und Waffen auch noch schwere Schaufeln und Hacken tragen, um ihr Lager aufbauen zu können.

Wie lebte ein Legionär?

Legionäre hatten ein hartes Leben. Einige beschwerten sich darüber, dass sie zu hart behandelt würden. Für diejenigen, die in die Grenzregionen des Reiches mussten, kam das Klima erschwerend dazu. Z.B. bat ein in England stationierter Soldat um Wollsocken, Unterhosen und Sandalen. Wahrscheinlich war das feuchte und kühle Wetter ungewohnt für ihn.

Die Legionäre dienten etwa 20 bis 25 Jahre bei der römischen Armee. Sie durften offiziell nicht heiraten, allerdings taten es manche heimlich. Sie lernten viel, erhielten einen regelmäßigen Sold und wurden medizinisch versorgt. Wenn sie die Armee verließen, erhielten sie Land oder ein Geldgeschenk

DER HADRIANSWALL IN BRITANNIEN WAR EINE DER GRENZBEFESTIGUNGEN DES RÖMISCHEN REICHES. DIE LEUTE JENSEITS DES WALLS WAREN FÜR DIE RÖMER BARBAREN.

MEGAINTERESSANT

DIE SCHLIMMSTE STRAFE IN DER RÖMISCHEN ARMEE WAR DIE SO GENANNTE DEZIMIERUNG. HIERBEI WURDEN DIE SOLDATEN IN EINER REIHE AUFGESTELLT UND JEDER ZEHNTE TOTGESCHLAGEN ODER ZU TODE GESTEINIGT.

WEB-TIPP
www.roemercohorte.de/deutsch/legionaere.htm

in Höhe von 12 Jahresgehältern. Nach ihrem Militärdienst durften die Männer wieder nach Hause zurück. Viele blieben aber auch in den Ländern, in denen sie stationiert waren.

Bürger oder nicht?

Alle Legionäre waren Bürger des Römischen Reiches, das heißt, sie hatten bestimmte Rechte, die andere Menschen nicht besaßen. Sie durften zum Beispiel an Wahlen teilnehmen. Die Soldaten der Hilfstruppen aus den über 40 römischen Provinzen besaßen jedoch keine Bürgerrechte, obwohl sie eine wichtige Rolle bei der Verteidigung der Grenzen des Römischen Reiches und der Millionen Menschen, die darin lebten, spielten. Sie erhielten die vollen Bürgerrechte des römischen Staates erst nach dem Ende ihrer Dienstzeit.

Die Bodyguards des Kaisers

Augustus, der erste römische Kaiser, schuf eine spezielle persönliche Leibwache,

BEI PARADEN TRUGEN DIE MITGLIEDER DER PRÄTORIANERGARDE VERZIERTE RÜSTUNGEN, IM GEGENSATZ ZU DEN UNVERZIERTEN ALLTAGSRÜSTUNGEN.

die Prätorianergarde. Sie bestand aus 10000 ausgesuchten Männern, deren Aufgabe darin bestand, den Kaiser zu schützen. Die Prätorianer lebten in ihren eigenen Kasernen am Stadtrand von Rom. Auch die Kaiser nach Augustus nutzten die Prätorianer als persönliche Bodyguards. Nach und nach wurden die Prätorianer jedoch immer mächtiger, bis sie schließlich sogar einen Kaiser, der ihnen missfiel, umbringen und durch einen ersetzen konnten, der ihnen besser gefiel.

Ein gefährlicher Beruf

In der römischen Armee war es üblich, einen siegreichen General mit dem Ruf *„Imperator!"* zu feiern, das bedeutet „unser Herrscher". Wusste ein General sowohl Armee als auch Senat hinter sich, konnte er versuchen, nach dem Tod des Kaisers an die Macht zu gelangen. Ein Kaiser, der so abhängig von der Zustimmung der Armee war, musste immer darauf achten, diese bei Laune zu halten. Schließlich konnte sie sich jederzeit gegen ihn verschwören.

DIE PRÄTORIANER ERMORDETEN MINDESTENS 15 RÖMISCHE KAISER.

Gute und schlechte Kaiser

In der 500-jährigen Geschichte des Römischen Reiches wollten etwa 175 Männer Kaiser werden. Manche hatten keinerlei Anspruch auf den Titel, so wie z.B. Postumus, der die Macht errang, als Kaiser Gallienus gerade nicht in Rom war. Andere waren nur ganz kurz auf dem Thron. Ein römischer Schriftsteller behauptete sogar, Marius (nicht der, der die Armee reformierte) wäre nur zwei Tage lang Kaiser gewesen!

Es gab Tyrannen, vor deren Grausamkeit sich alle fürchteten. Caligula beispielsweise verfütterte in der Arena Gefangene an die Löwen, weil das billiger war, als Fleisch zu kaufen! Die wenigen guten und verantwortungsbewussten Herrscher aber, wie Trajan, wurden vom Volk geliebt. Während der Herrschaft Kaiser Trajans hatte das Römische Reich seine größte Ausdehnung und in Rom entstanden viele neue Bauwerke.

AUF DER TRAJANSSÄULE IN ROM SIND DIE SIEGREICHEN SCHLACHTEN DES KAISERS TRAJAN ABGEBILDET.

DAS KOLOSSEUM

Im Jahr 80 durfte das Publikum erstmals das Kolosseum betreten. Zur Feier der Eröffnung fanden 100 Tage lang blutrünstige Schauspiele statt. Dutzende von Gladiatoren wurden dabei getötet und an manchen Tagen bis zu 5 000 Tiere abgeschlachtet. Die nächsten 400 Jahre sollte man hier noch viel Blut von unschuldigen Opfern sehen.

Eine atemberaubende Arena
Keiner weiß, wer das Kolosseum entworfen hat, aber eines ist klar: Der Architekt wollte ein Bauwerk für die Ewigkeit schaffen. Allein der Bau der gewaltigen ovalen Arena benötigte 10 Jahre. Und das war für die damaligen Verhältnisse sehr schnell! Das ovale Gebäude war etwa 50 m hoch und die Hauptachsen maßen 188 x 156 m. Man verwendete stabiles Baumaterial. Das Fundament und die oberen Ränge bestanden aus Beton, die

Außenwände aus Travertin (einem hellen Kalkstein), die Ränge aus weißem Marmor, der mit Schiffen über den Tiber herangeschafft wurde. Die schweren Steine zog man mit

MEGAINTERESSANT
ALLEIN FÜR DIE AUSSENWÄNDE DES KOLOSSEUMS VERBAUTE MAN 292 000 WAGENLADUNGEN STEINE. IM BETON DES GEBÄUDES BEFINDET SICH AUCH ROTER STAUB VOM VESUV.

Kränen hoch. Bewegt wurden sie durch Arbeiter, die in einer Art überdimensionalem Laufrad liefen (wie Hamster!). Das Rad zog an den Seilen, die den Arm des Krans hoben bzw. senkten.

Sichere und schattige Plätze

Das Kolosseum hatte 45 000 Sitz- und 5 000 Stehplätze. Die Sitze waren entsprechend der Stellung in der Gesellschaft eingeteilt. Die wichtigsten Menschen saßen ganz nah am blutigen Geschehen. Den besten Platz hatte natürlich der Kaiser, ganz vorne an einer der Längsseiten der Arena. In seiner Nähe saßen seine Familie, seine Freunde und Günstlinge. Ganz oben standen die Nichtbürger und die

DIE ZUSCHAUER KAMEN ÜBER GÄNGE UND TREPPEN ZU IHREN PLÄTZEN.

TIERKÄMPFE WAREN BELIEBT. HIER GEHT EIN BÄR AUF EINEN TIERKÄMPFER LOS, ZWEI MÄNNER VERSUCHEN IHN WEGZUJAGEN.

Sklaven. Im dritten Rang saßen die Frauen, dann kamen die Soldaten und einfachen Bürger und unten, am Rand der Arena, die Senatoren und ihre Gäste.

Im Kolosseum befanden sich bei einer Veranstaltung so viele Menschen, dass man bestimmte Vorkehrungen getroffen hatte, um Panikreaktionen zu vermeiden. So konnten die Menschen nach dem Ende einer Veranstaltung von über 80 Ausgängen (*vomitoria*) aus schnell und sicher direkt auf die Straße gelangen. 76 dieser Ausgänge waren für das gewöhnliche Publikum gedacht, zwei für den Kaiser und sein Gefolge und zwei für die Gladiatorenumzüge.

An heißen Tagen wurde ein Sonnensegel quer über die Arena gespannt, sodass die Zuschauer das blutige Spektakel im Schatten sitzend verfolgen konnten!

DER BODEN DES KOLOSSEUMS IST ZERSTÖRT, SODASS HEUTE DIE UNTERIRDISCHEN GÄNGE UND KAMMERN SICHTBAR SIND.

IN DER ARENA FANDEN AUCH SEESCHLACHTEN STATT. DAZU WURDE DER BODEN GEFLUTET.

Der riesige, sich im Wind blähende Stoffbaldachin (*velarium*) wurde von Seeleuten bedient, die sich mit Tauen und Segeln auskannten, aus denen der Baldachin gefertigt war.

DAS KOLOSSEUM KONNTE INNERHALB VON 3 MINUTEN EVAKUIERT WERDEN.

Seeschlachten in der Stadt
In seinen Anfangszeiten konnte man die Arena im Kolosseum noch fluten, da der Boden wasserdicht war. Wenn du zu den ersten Zuschauern gehört hättest, wärst du Zeuge bombastischer Seeschlachten geworden. Dabei kämpften die Gladiatoren vom Deck ihrer Schiffe aus gegen die Gegner. Als die Seeschlachten nicht mehr modern waren, unterkellerte man die Arena mit einer Reihe von Gängen und Kammern. In dieser düsteren Unterwelt wurden die Tiere gehalten, die bei den Veranstaltungen abgeschlachtet wurden. Auch Gladiatoren wurden in diesem heißen, lauten Labyrinth gefangen gehalten, bis sie entweder siegten oder im Kampf starben. Es gab kein Entkommen für sie. Die Menge wollte Blut sehen und gut unterhalten werden!

KAMPF-SCHULEN

Die unglücklichen Männer, die man dazu zwang, Gladiatoren zu werden, wurden in speziellen Schulen ausgebildet. Hier lernten sie, wie man jemanden erstach, aufschlitzte und erwürgte. Ihr Leitspruch hieß: Töte den Gegner, bevor er dich tötet!

EIN GLADIATOR MUSSTE IN SPEZIELLEN SCHULEN LERNEN, WIE MAN EINEN ANDEREN TÖTETE.

Sechs Gladiatoren, eine Beerdigung

264 v. Chr. wurde bei einem Begräbnis in Rom ein Kampf auf Leben und Tod geführt. Sechs Männer kämpften zu Ehren des Verstorbenen, des reichen römischen Bürgers Decimus Junius Brutus Pera. Diese sechs Männer waren wahrscheinlich die ersten Gladiatoren der römischen Geschichte. Dieser Kampf fand allerdings weniger

EIN GRABRELIEF VON 30 V.CHR. ZEIGT GLADIATOREN BEIM KAMPF.

zur Unterhaltung der Lebenden statt. Vielmehr sollte der Verstorbene dadurch in der Erinnerung der Lebenden bleiben.

Zu dieser Zeit existierte das Kolosseum noch nicht. Es wurde erst 350 Jahre später gebaut. Die Männer in diesem kleinen Schaukampf kämpften auf dem Viehmarktplatz der Stadt. Arenen gab es noch nicht. Damals ahnte auch keiner, dass hier die Begeisterung der Römer für blutige Kämpfe geweckt wurde.

Blut vergießen

Uns käme es reichlich seltsam vor, auf einer Beerdigung zu kämpfen. Für die Römer war dies jedoch ein normaler Vorgang. Schon bei den Etruskern war es wahrscheinlich üblich, bei Beerdigungen Kämpfer gegeneinander antreten zu lassen und beim Kampf Menschen zu opfern. Wahrscheinlich haben die Römer das nachgemacht. Das Ziel dieser so genannten Leichenspiele bestand darin, Blut zu vergießen. Dieses Blut galt als „Geschenk" der Lebenden an die Toten. Viele reiche Römer verlangten in ihrem Testament, dass man ihnen zu Ehren Leichenspiele (*munera*) veranstaltete. Mit der Ausrich-

MEGAINTERESSANT

GLADIATORENLEHRER SPORNTEN IHRE SCHÜLER MIT GESCHICHTEN VON GLADIATOREN AN, DIE NACH ERFOLGREICHEN KÄMPFEN REICHE MÄNNER MIT VILLEN, SKLAVEN UND EIGENEN GLADIATOREN GEWORDEN SEIEN.

tung der Spiele ehrten die Familien ihre verstorbenen Verwandten. Solche Leichenspiele waren teuer und die Familien zeigten damit, wie reich sie waren.

Die Leichenspiele wurden bei den Römern immer beliebter. Aufzeichnungen aus dem Jahr 216 v. Chr. berichten, dass bei einer Beerdigung 22 Gladiatorenpaare im Zweikampf gegeneinander antraten. Bei einer Beerdigung im Jahr 183 v. Chr. sollen es sogar 60 Gladiatorenpaare gewesen sein.

Die Gladiatorenkämpfe fanden jahrelang auf dem Forum, dem wichtigsten Platz Roms, statt. Erst im Jahr 80 öffnete das Kolosseum seine Pforten, die größte Gladiatorenarena des Römischen Reichs. Die Spiele wurden immer größer und blutiger. Man konnte sich ein Massenspektakel ohne Gladiatoren gar nicht mehr vorstellen.

EIN GLADIATOR MUSSTE DREIMAL IM JAHR KÄMPFEN – WENN ER ÜBERLEBTE!

Opfer und Freiwillige

Gladiatoren wurden wie Waren behandelt. Man kaufte und verkaufte sie nach Lust und Laune. Jeder, der es sich leisten konnte, achtete darauf, auch genug Gladiatoren zu besitzen. Aber das war selten ein Problem. Es gab viele Opfer. Die meisten Gladiatoren waren von der

DAS SIND DIE RUINEN DES FORUMS, WO EINST DIE ERSTEN GLADIATOREN KÄMPFTEN. DIE ZUSCHAUER SASSEN AUF HOLZTRIBÜNEN.

VERCINGETORIX, DER ANFÜHRER DER GALLIER, ERGAB SICH CÄSAR 52 V. CHR. VIELE DER GALLISCHEN GEFANGENEN MUSSTEN GLADIATOREN WERDEN.

Gesellschaft Verstoßene: Kriegsgefangene, Kriminelle oder Sklaven.

Du wirst es kaum glauben, aber es gab auch solche Unglücklichen, die sich freiwillig für diesen Job meldeten, weil sie alles verloren hatten und keine Möglichkeit sahen, anders zu überleben. Gladiatoren erhielten drei Mahlzeiten pro Tag, einen Platz zum Schlafen, Lohn für erfolgreiche Kämpfe und medizinische Hilfe bei Verletzungen. Und wenn sie nur lange genug überlebten, hatten sie die Chance, als freie und wohlhabende Männer zu ihren Familien zurückzukehren.

Aber die Freiwilligen mussten einen grausamen Eid schwören, sich brandmarken, in Ketten legen und mit Ruten schlagen lassen. Und sie mussten ihr Essen mit ihrem Blut bezahlen, im schlimmsten Fall sogar mit ihrem Leben.

In der Arena kämpften nicht nur Männer. Unter Kaiser

AUF DIESEM RELIEF SIEHT MAN ZWEI GLADIATORINNEN MIT DOLCHEN. AMAZONE UND ACHILLIA WAREN VERMUTLICH IHRE KÜNSTLERNAMEN.

DIE RESTE DER GLADIATORENSCHULE IN POMPEJI, WO DIE KÄMPFER AUSGEBILDET WURDEN.

Domitian wurden auch Gladiatorinnen zu den Kämpfen zugelassen. Einer seiner Nachfolger, Kaiser Septimius Severus, verbot dies jedoch im Jahr 200 wieder.

Gladiatorenschulen

Einige geschäftstüchtige römische Bürger verdienten viel Geld mit dem Managen von Gladiatorengruppen. Sie verliehen die von ihnen gemanagten Gladiatoren gegen Geld. Von der Bevölkerung wurden sie *lanistae*, „Schlächter", genannt.

Die Kunst des Tötens brachte man den Gladiatoren in speziellen Schulen bei, den so genannten *ludi*. Diese Schulen waren wie ein Militärlager organisiert. Die Männer lebten in Kasernen. Die Schule durften sie nur zum Kämpfen verlassen. Es herrschte eiserne Disziplin. Wer dagegen verstieß, wurde ins Schulgefängnis geworfen.

Aber man pflegte die zukünftigen Helden der Arena sehr gut, da sie nur gesund und unverletzt etwas wert waren. Sie erhielten reichlich gekochte Bohnen und Gerstenbrei – diese Ernährung sorgte für starke Muskeln. Gladiatoren

wurden deshalb auch *bordearii*, „Gerstenmänner", genannt. Um ihre Krankheiten und Verletzungen kümmerte sich gleich eine ganze Reihe von sehr guten Ärzten.

Lehrer und Techniken

Die Gladiatorenschüler wurden von älteren, erfahrenen ehemaligen Gladiatoren ausgebildet. Sie hatten die Arena überlebt und sich im Ruhestand als Gladiatorenlehrer anstellen lassen. In allen Schulen gab es eine kleine Arena, wo man den Schülern das richtige Kämpfen beibrachte. Neue Schüler mussten zunächst gegen einen hohen Holzpfosten, den *palus*, kämpfen. Sie sollten sich vorstellen, dieser Pfosten sei ihr Feind, den sie mit verschiedenen Waffen attackieren mussten.

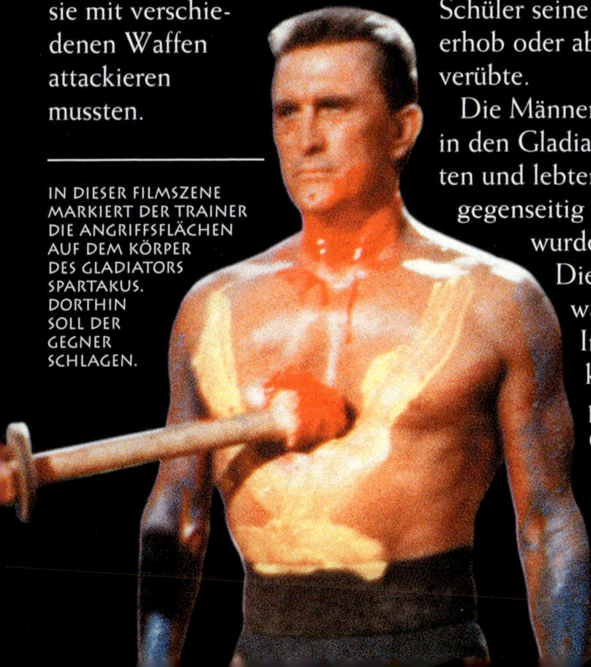

IN DIESER FILMSZENE MARKIERT DER TRAINER DIE ANGRIFFSFLÄCHEN AUF DEM KÖRPER DES GLADIATORS SPARTAKUS. DORTHIN SOLL DER GEGNER SCHLAGEN.

MEGAINTERESSANT

73 V. CHR. FÜHRTE DER GLADIATOR SPARTAKUS EINEN SKLAVENAUFSTAND AN. DIE RÖMER BENÖTIGTEN 10 LEGIONEN, UM DEN AUFSTAND NIEDERZUSCHLAGEN, ÜBER 6000 SKLAVEN STARBEN.

Manchmal kämpften sie zur Übung auch gegen Strohpuppen. Erst nach langem Training ließ man die Schüler gegeneinander kämpfen.

In diesen Kämpfen benutzten sie meist Holzschwerter und stumpfe Waffen. Ein Kampf mit scharfen Waffen wäre viel zu gefährlich gewesen – auch für die Lehrer, denn diese mussten immer damit rechnen, dass ein Schüler seine Waffe gegen sie erhob oder aber Selbstmord verübte.

Die Männer, die gemeinsam in den Gladiatorenschulen lernten und lebten, kannten sich gegenseitig sehr gut. Manche wurden sogar Freunde. Die Schulkämpfe waren ungefährlich. In der Arena konnte es jedoch passieren, dass ein Gladiator zur Unterhaltung der Menge seinen besten Freund töten musste!

IN DER ARENA

Stell dir folgende Szene vor: Du bist ein ausgebildeter und körperlich absolut fitter Gladiator. Der Tag der Spiele naht und du wirst demnächst die Arena betreten. Aber du weißt immer noch nicht, gegen wen du antreten sollst und mit welchen Waffen du kämpfen wirst. Und du weißt auch nicht, ob du den Tag überlebst. Was für ein Gefühl muss das gewesen sein?

DIESE STATUE ZEIGT EINEN THRAX-GLADIATOR. ER TRÄGT BEINSCHÜTZER, EINEN VERZIERTEN HELM UND EINEN ARM SCHUTZ.

Die Spiele kommen

Gladiatorenkämpfe waren eine sehr teure Angelegenheit. Nur die reichsten Familien der Stadt und der Kaiser hatten genug Geld zur Veranstaltung dieser Schauspiele.

Die Veranstaltung wurde in der Regel schon Tage vorher angekündigt. Auf den Mauern gab es Bekanntmachungen, öffentliche Ausrufer liefen durch die Stadt und verkündeten Namen und Fähigkeiten der beteiligten Gladiatoren. Andere trugen große Werbetafeln. Souvenirhändler bauten in der Nähe der Arena ihre Stände auf. Sie verkauften Gladiatorensouvenirs wie Keramikgladiatoren oder verzierte Öllämpchen. Bis zum Tag des Kampfes waren alle Plätze ausverkauft.

MANCHE GLADIATOREN WOLLTEN VOR DEM KAMPF NICHTS ESSEN, AUCH WENN ES EIN SO APPETITLICH ANGERICHTETER WACHTEL-SPARGEL-TELLER WAR.

Ein Henkersmahl

Die Gladiatoren kamen einen Tag vor Beginn der Spiele in die Stadt. Sie waren hier Gast eines reichen Mannes, dem so genannten *editor*, der die Spiele veranstaltete. In der Nacht vor dem Kampf gab er den Gladiatoren zu Ehren ein großes Festessen, bei dem die Öffentlichkeit zusah. Bei dieser Gelegenheit konnte man sich überlegen, welcher der Gladiatoren wohl einen guten Kampf liefern oder siegen würde. Die Männer wussten, dass dieses Essen vielleicht ihr letztes war. Manche aßen deshalb äußerst gierig, andere brachten gar nichts herunter. Sie flehten nur, ihre Familien zu verständigen.

ZU BEGINN DES SPIELS KÄMPFTE EIN GLADIATOR GEGEN TIERE WIE LÖWEN UND LEOPARDEN.

EIN SCHIEDSRICHTER ACHTET AUF DIE EINHALTUNG DER REGELN BEIM KAMPF.

Gladiatoren im Kampf

Die Spiele, die man im Kolosseum anschauen konnte, folgten einem genauen Plan. Am Morgen wurden Tiere gejagt. Gegen Mittag wurde das Ganze etwas blutrünstiger, denn nun wurden Gefangene hingerichtet. Das war aber nur ein Vorgeschmack auf den Nachmittag: die Gladiatorenkämpfe. Bei großen Veranstaltungen traten mehrere Hundert Gladiatoren zum Kampf an, bei kleineren mindestens 30.

Die Kämpfer trugen purpurne Umhänge mit Goldstickerei, wenn sie die Arena durch den Gladiatoreneingang betraten. Sie marschierten einmal über den Sandplatz, gefolgt von Sklaven, die ihre Waffen und Rüstungen trugen. Die etwa 50000 Zuschauer tobten vor Begeisterung. Vor der Empore, auf der der Kaiser saß, hielten sie an. Plötzlich herrschte Stille. Und nun streckten die Gladiatoren den rechten Arm Richtung Kaiser und riefen den bis heute berühmten lateinischen Satz: *„Ave, Imperator, morituri te salutant!"*, „Heil dir, Kaiser, die Todgeweihten grüßen dich!"

Kenne deinen Feind

Vor den Augen des Publikums wurde den Gladiatoren nun mitgeteilt, wer gegen wen antreten musste. Die Entscheidung trafen der Gladiatorenlehrer und der Veranstalter der Spiele. In der Regel wählten sie für einen Zweikampf zwei etwa gleich starke Männer aus. Ein Gladiator z. B., der schon fünf Kämpfe überlebt hatte, musste dann gegen einen antreten, der ebenfalls schon fünfmal gesiegt hatte. Bei sehr großen Spielen mussten teilweise auch ganze Gladiatorengruppen gegeneinander antreten.

WEB-TIPP
http://members.tripod.de/gladiatorsite/

Zunächst lieferten sich die Gladiatoren Schaukämpfe, um in die richtige Kampfstimmung zu kommen. Dabei wurde niemand ernsthaft verletzt, da nur mit stumpfen Holzwaffen gekämpft wurde.

Es gab mindestens 16, wenn nicht sogar 20 verschiedene Gladiatoren-Typen. Die Kämpfer wurden meist nur in einer einzigen Gladiatorendisziplin ausgebildet. Da gab es zum Beispiel den nur leicht bewaffneten *secutor* („Verfolger"), den ebenfalls leicht bewaffneten *retiarius* („Netzkämpfer") und die beiden schwerer bewaffneten Typen *thrax* („Der Thraker") und *murmillo* („Fischmann"). Der Fischmann trug ein Fischsymbol auf seinem Helm.

MAXIMUS (RECHTS), DER HELD DES HISTORIENFILMS „GLADIATOR", KÄMPFT UM SEIN LEBEN .

SCHRILLE BLECHINSTRUMENTENKLÄNGE BEGLEITETEN DIE SPIELE.

Auf ein Zeichen des Veranstalters setzte die Musik ein. Und unter den Klängen von Trompete, Flöte, Horn und Wasserorgel begann der Kampf.

Wer gegen wen?

Es kämpften immer mehrere Gladiatorenpaare gleichzeitig gegeneinander. Meist ließ man verschiedene Typen gegeneinander antreten, etwa einen *murmillo* gegen einen *thrax*. Der *murmillo* war mit einem Kurzschwert bewaffnet, dem so genannten *gladius*. Daher leitet sich auch unser Wort „Gladiator" ab. Außerdem trug er einen langen rechteckigen Holzschild. Kopf, Arme und Beine waren durch eine Rüstung geschützt. Der *thrax* trug einen kleineren Schild und kämpfte mit einem kurzen Krummschwert. Auch er trug eine Rüstung. Bei beiden war jedoch die Brust ungeschützt.

Manchmal kämpften auch zwei gleiche Typen gegeneinander, etwa zwei Netzkämpfer. Dann versuchte ein Netzkämpfer den anderen mit seinem Netz einzufangen, um ihn mit dem Dreizack zu erstechen.

Die Spielregeln

In Gladiatorenfilmen kann man meist völlig wild gewordene Kämpfer undiszipliniert aufeinander einhauen sehen. In Wahrheit gab es jedoch sehr strenge Spielregeln, denen die gut ausgebildeten Kämpfer auch folgten. Über die Regeln ist leider nicht viel bekannt. Aber wir wissen, dass es damals Schiedsrichter gab, die den Kampf stoppen durften, etwa wenn ein Kämpfer einen Teil seiner Rüstung verlor. Dann musste der andere warten, bis der Gegner wieder gerüstet war.

Der tödliche Schlag

Die Schiedsrichter sorgten auch dafür, dass keine heimlichen Absprachen zwischen den

Kämpfern getroffen werden konnten. Wenn sie das Gefühl hatten, dass zwei Gladiatoren nicht ernsthaft miteinander kämpften, schickten sie Sklaven mit Peitschen in die Arena oder drohten den Kämpfern mit glühenden Eisen. Auch das gehörte zur Unterhaltung. Wenn dann das Blut endlich floss, war das Publikum nicht mehr zu halten. Ging ein Gladiator zu Boden, so wusste er, dass sein Tod kurz bevorstand.

Für einen gefallenen Gladiator gab es nur eine Möglichkeit zu überleben. Er konnte seine linke Hand ausstrecken und um

Megainteressant
Die Gladiatoren trugen Künstlernamen, zum Beispiel Pugnax („der Streiter"), Tigris („der Tiger") oder Columbus („die Taube"). Jeder Gladiator hatte seine treuen Fans.

Gnade bitten. Manchmal war das Publikum so begeistert von dessen gutem Kampf, dass alle mit den Taschentüchern winkten und die Daumen hoben. Dabei schrien sie *„Mitte!"*, das heißt: „Lass ihn gehen!". Dann schauten alle zum Veranstalter, der hier das letzte Wort hatte. Wenn der Besiegte Glück hatte, durfte er weiterleben.

Wenn das Publikum vom

Im Film Spartakus kämpft der Held (rechts) als Thrax gegen einen Retiarius.

GLADIATOREN KÄMPFTEN MEIST BIS ZUM TOD DES GEGNERS. DIE MEISTEN KÄMPFER WAREN ZWISCHEN 18 UND 25 JAHRE ALT.

Kampf des Besiegten jedoch nicht so viel hielt, zeigte es keine Gnade. Die Daumen gingen nach unten und es schrie *„Iugula!"*, „Töte ihn!". Gab der Veranstalter mit der gleichen Bewegung das Zeichen für den Tod des Mannes, so wurde er von seinem siegreichen Gegner hingerichtet. Und das Publikum schrie *„Habet!"*, „Er hat es!".

DIE SIEGREICHEN GLADIATOREN DREHTEN EINE EHRENRUNDE IN DER ARENA. DABEI TRUGEN SIE LORBEERKRÄNZE UND SCHWANGEN PALMWEDEL.

Daumen hoch oder runter?

Manche Historiker behaupten, wir hätten das Ding mit „Daumen hoch" und „Daumen runter" falsch verstanden. Ihrer Meinung nach ist es andersherum richtig: „Daumen runter" bedeute „Steck das Schwert in die Scheide!" und „Daumen hoch" „Erstich ihn!". Es gibt tatsächlich keinen hundertprozentigen Beweis. Aber irgendwie hat sich die andere Sichtweise durchgesetzt.

Gewinner und Verlierer

Am Ende eines Wettkampfs war der Boden der Arena gewöhnlich von Blut durchtränkt. Überall lagen tote Gladiatoren. Der Boden wurde gekehrt und gesäubert. Die Toten brachte man auf Bahren zu einem Bestattungsplatz. Hier schnitt man ihnen die Kehlen durch, um sicherzugehen, dass sie wirklich tot waren und nicht simulierten und womöglich entflohen! Die Verwundeten wurden von Ärzten behandelt.

Und die ruhmreichen Gewinner? Sie waren die Helden des Tages. Man zeigte sie mit Palmzweigen und dem Geld, das sie gewonnen hatten. Die besten Kämpfer durften sogar einen Lorbeerkranz auf ihrem Kopf tragen.

Der höchste Preis war jedoch das *rudis* – ein Holzschwert. Ein Gladiator, der das Holzschwert erhielt, durfte sein Geld nehmen und nach Hause gehen. Aber nicht alle wollten nach Hause.

AUGUSTUS SCHICKTE IN ACHT SPIELEN 10 000 GLADIATOREN IN DIE ARENA.

Wir wissen aus alten Berichten, dass ein Gladiator mit Namen Flamma eine recht bemerkenswerte Karriere machte. In 34 Kämpfen gewann er 21-mal, kämpfte 9-mal unentschieden, und 4-mal ließen ihn das Publikum und der Veranstalter der Spiele „gehen", obwohl er schon am Boden lag. Er wollte jedoch seltsamerweise nie aufhören. Viele ehemalige Gladiatoren ließen sich auch als Ausbilder an den Gladiatorenschulen anstellen.

TRIUMPHIEREND REISST EIN SIEGREICHER GLADIATOR SEIN SCHWERT HOCH.

Jäger und Wagenlenker

Die Bürger von Rom mussten nicht sehr viel arbeiten. Im 3. Jahrhundert hatten sie etwa 200 offizielle Feiertage pro Jahr! Die Behörden wussten, dass sie das Volk unterhalten mussten, damit es sich nicht langweilte und mit der Regierung zufrieden war. Außer Gladiatorenkämpfen gab es jede Menge anderer Veranstaltungen.

AUCH GIRAFFEN BRACHTE MAN NACH ROM.

Tiere zum Töten

Nicht nur Gladiatoren wurden in die Arena geschickt. Neben den Kämpfen auf Leben und Tod und den Hinrichtungen von Männern und manchmal auch Frauen gab es im Kolosseum regelrechte Massenschlachtungen von Tieren. Diese Schlachtungen fanden morgens statt, Hinrichtungen und Gladiatorenkämpfe dagegen mittags und nachmittags.

Die lateinische Bezeichnung für Tiershows war *venationes*. Das heißt eigentlich „Tierhatz", aber die Veranstaltungen waren nicht immer so brutal, wie es klingt. Manchmal wurden seltene Tierarten einfach nur so durch die Arena geführt.

Die Römer bestaunten die für sie exotischen Tiere, z. B. Giraffen, die bei ihnen „Gefleckte Kamele" (*camelopardalis*) hießen.

Unseren Zirkusaufführungen ähnlich waren Auftritte von dressierten Raubtieren, bei denen Löwen Hasen fingen und unverletzt wieder freiließen, ein Tiger die Hand seines Bändigers leckte oder Panter Wagen durch die Arena zogen. Auch diese Szenen begeisterten

MEGAINTERESSANT
BEIM FEST DER GÖTTIN CERES, DEM CEREALIA, DAS IMMER IM APRIL STATTFAND, JAGTE MAN FÜCHSE DURCH DIE ARENA, AN DEREN SCHWANZ BRENNENDE FACKELN GEBUNDEN WAREN.

das Publikum. Allerdings waren die meisten in erster Linie da, um beim Töten zuzusehen. Sie warteten auf die Tierkämpfe. Man ließ Bären gegen Stiere los, Stiere gegen Elefanten und Elefanten gegen Nashörner. Manchmal wurden die Tiere zusätzlich mit Pfeilen beschossen. Die Bogenschützen saßen dabei in sicheren Metallkäfigen.

Massaker in der Arena

Der Höhepunkt jeder Tiershow war erreicht, wenn die Tierkämpfer (*venatores*) und ihre Assistenten (*bestiarii*) in die Arena kamen. Wie die Gladiatoren waren auch diese Männer Verbrecher, Kriegsgefangene oder Freiwillige und sie erhielten eine ähnliche Ausbildung. Allerdings hielt das Publikum mehr von den Gladiatoren als von den Tierkämpfern.

Die Kämpfer trugen nur Tuniken und einen einfachen Beinschutz und traten zu Fuß oder auf einem Pferd gegen die Tiere an. Ein Speer war ihre einzige Waffe. Sie mussten gegen unterschiedliche Tiere

EIN WÜTENDER BULLE UND EIN BÄR GEHEN AUFEINANDER LOS. SIE WERDEN VOM TIERBÄNDIGER MIT EINEM HAKEN GEQUÄLT.

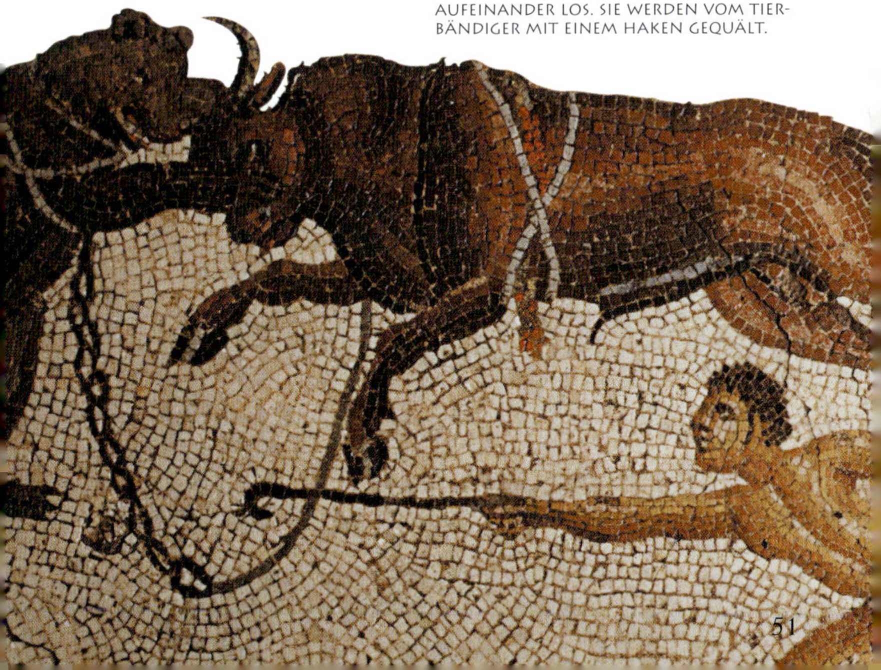

AUF DIESEM BILD SIEHST DU, WIE DER VERLETZTE LEOPARD BLUT VERLIERT. DER MENSCH, DER GEGEN IHN KÄMPFT, TRÄGT NUR EINEN SPEER UND KEINE SCHÜTZENDE RÜSTUNG.

kämpfen, vom harmlosen Hasen bis zum Furcht erregenden Löwen. Die Assistenten schlugen die Tiere, um sie wütender zu machen.

Aus Aufzeichnungen des Kaisers Philippus Arabs wissen wir, wie eine solche Show ungefähr aussah. Im Jahr 247 ließ dieser den tausendsten Geburtstag Roms mit einem fürchterlichen Gemetzel feiern. Einige der folgenden Tiere hatten Glück, sie wurden nur vorgeführt. Die meisten jedoch starben. Es waren 32 Elefanten, 10 Elche, 10 Tiger, 60 zahme Löwen, 10 wilde Löwen, 30 Leoparden, 10 Hyänen, 10 Kamele, 20 wilde Esel (oder Zebras), 40 Wildpferde, 6 Flusspferde und ein Nashorn.

Wildnis auf der Bühne

Du wirst dich sicher fragen, warum die Leute so grausam zu Tieren waren. Die Römer hatten damals jedoch nicht das Gefühl, besonders grausam zu sein. Die meisten liebten die Jagd und eine Jagd in der Arena war für sie nicht so viel anders als die Jagd in freier Natur. Die, die in der Stadt lebten und selbst nie jagen gehen konnten, freuten sich, eine Jagd auf der Bühne des Kolosseums präsentiert zu bekommen. In der Arena

DRESSIERTE ELEFANTEN SCHRIEBEN MIT DEM RÜSSEL IN DEN SAND.

fühlten sie sich in eine andere Welt versetzt und konnten sich, wie wir, wenn wir einen entsprechenden Film sehen, vorstellen, selbst zu jagen.

Die Römer fingen überall, wo sie waren, wilde Tiere und brachten sie nach Rom. Aus Afrika kamen Löwen, Leoparden, Affen, Krokodile, Flusspferde und Strauße. Elefanten holten sie aus Afrika und Asien, wilde Bären aus den Wäldern Nordeuropas. Die Tiere wurden in Räumen und Käfigen im Keller des Kolosseums gehalten. Man zog sie mit Aufzügen nach oben, wo sie wie von Zauberhand in einer offenen Falltür in der Arena erschienen.

Fraß für wilde Tiere

Die Römer lernten viel von ihren Nachbarn und von ihren Feinden. Und manche Dinge waren wirklich furchtbar! Von den Karthagern in Nordafrika übernahmen sie die Sitte, Verbrecher wilden Tieren vorzuwerfen. Dort ließ man zum Beispiel Deserteure von Elefanten tottrampeln.

Die Römer machten daraus ein großes und grausames Schauspiel. Sie banden die Verbrecher, Männer und Frauen, an Pfähle und ließen wilde Tiere auf sie los. Das war ein langsamer und sehr

WEB-TIPP
www.schweissfuss.de/weltsport/wagenrennen.php4

DIE RÖMER FINGEN TAUSENDE VON TIEREN UND BRACHTEN SIE NACH ROM INS KOLOSSEUM, VIELE PER SCHIFF AUS AFRIKA.

AUF DIESEM MOSAIK WIRD EIN ZUM TODE VERURTEILTER MANN GERADE AUF EINEM WAGEN IN DIE ARENA GESCHOBEN, EIN ANDERER KÄMPFT GEGEN TIERE.

schmerzhafter Tod. Es war so schlimm, dass selbst vielen Römern das Zusehen keinen Spaß mehr machte. Zumal diese Veranstaltungen zur Mittagszeit stattfanden, sodass sich manchem Besucher der Magen umdrehte.

Auf der Rennbahn

Die Römer gingen auch sehr gern zu weniger blutrünstigen Spektakeln, wie etwa zu den weltberühmten Wagenrennen. Auch die größte Rennbahn der damals bekannten antiken Welt, der Circus maximus („Größter Zirkus"), lag in Rom. Sie war 600 m lang und 80 m breit, ein langes, schmales Rechteck mit gerundeten Kopfseiten. Diese Bahn war viermal so groß wie das Kolosseum und viel größer als unsere heutigen großen Sportstadien und bot immerhin Platz für 200000 Zuschauer! Auch die Wagenlenker gehörten zur untersten Schicht der römischen Gesellschaft, genauso wie die Gladiatoren und Tier-

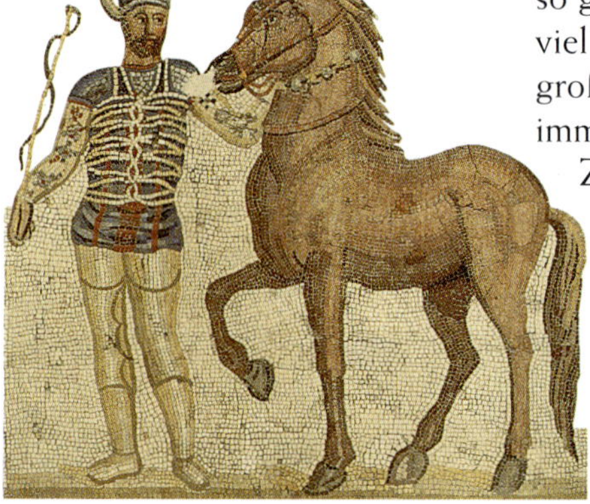

EIN WAGENLENKER DER VENETI (DES BLAUEN TEAMS) MIT SEINEM PFERD.

kämpfer. Es waren wiederum meist Sklaven oder gerade freigelassene Sklaven. Manche wurden sehr reich und berühmt, weil sie viele Rennen gewannen. Wir wissen beispielsweise, dass ein gewisser Pompeius Musclosus 3559 Siege feiern konnte! Die Wagenlenker gehörten zu verschiedenen Rennklubs (*factiones*). Diese Klubs wurden von den damaligen Fans genauso verehrt, wie von uns heute zum Beispiel bestimmte Fußballmannschaften. Es gab insgesamt vier Klubs. Jeder

DIE WAGEN RASTEN UM EINE LANGE PLINTHE IM CIRCUS MAXIMUS.

Klub hatte seine eigene Farbe. Die Wagenlenker trugen die Farben ihres jeweiligen Klubs, die *Albati* Weiß, die *Russati* Rot, die *Prasini* Grün und die *Veneti* Blau.

Die Zuschauer konnten anhand der verschiedenen Farben sofort erkennen, ob ihr Team gerade dabei war, das Rennen zu gewinnen. Die Pferde kamen aus Spanien, Griechenland und Nordafrika. Manche von ihnen wurden genauso berühmt wie die Wagenlenker. Die römischen Pferde waren größer als unsere heutigen Ponys, aber kleiner als die heutigen Reitpferde. Meist zogen je vier Pferde einen Wagen. Manchmal spannte man aber auch bis zu zehn Pferde vor einen Wagen.

Auf die Plätze, fertig, los!
Vor dem Rennen gab es eine Parade der Wagenlenker und ihrer Pferde. Die Zuschauer konnten sich in der Zeit alles ansehen und Wetten auf einzelne Wagenlenker abschließen. Dann kam das Startsignal: Die Boxentüren öffneten sich und die Wagen donnerten heraus. Im Circus maximus fuhren jeweils 12 Wagen gleichzeitig gegen den Uhrzeigersinn im Kreis herum und sie erreichten Geschwindigkeiten von bis zu 75 km/h. Sie drehten insgesamt sieben Runden und fuhren dabei 5,2 km.

MEGAINTERESSANT
MANCHE RÖMER VERGRUBEN MIT FLÜCHEN BESCHRIEBENE BLEITÄFELCHEN AUF DER RENNSTRECKE, WEIL SIE EINEM BESTIMMTEN WAGENLENKER EINEN UNFALL WÜNSCHTEN. NUR IHR FAVORIT SOLLTE GEWINNEN.

Gefährliche Rennen
Die Wagenlenker mussten nicht nur ihre eigenen vier Pferde lenken, sie durften auch nicht mit den anderen Wagen zusammenstoßen. Das war vor allem in den scharfen Kurven sehr schwierig. Aber nicht nur sie lebten gefährlich. Am Rand standen Jungen, die Lenker und Pferde mit Wasser bespritzten. Ein gefährlicher Job.

An den großen Renntagen gab es 24 Rennen pro Tag, als Preise winkten Palmwedel und Geld. Akrobaten, die im Galopp von Pferd zu Pferd sprangen, unterhielten in den Pausen das Publikum.

WAGENRENNEN IM CIRCUS MAXIMUS AUS DEM FILM „BEN HUR".

ALLTAG IN ROM

Wahrscheinlich hast du das Kolosseum schon mal im Fernsehen gesehen. Vielleicht warst du auch schon auf einer römischen Ausgrabungsstätte und hast die Überreste von römischen Straßen und Häusern gesehen. Doch wie haben die Römer tatsächlich gelebt? Wo wohnten sie, was aßen sie und welche Kleider trugen sie? Und wie ging es in einer römischen Stadt zu?

Kleidermode

Die Kleidung war in der Regel aus Wolle oder Leinen. Das wichtigste Kleidungsstück für alle – Männer, Frauen und Kinder – war die Tunika (*tunica*). Das war ein einfaches, langes Hemd, das von den Schultern bis unters Knie reichte. Man konnte es mit oder ohne Ärmel tragen. Diese Tunika wurde um die Taille mit einem Gürtel zusammengehalten.
Es gab schlichte und aufwändig verzierte Tuniken. Auf manchen waren farbige Bänder (*clavi*) aufgenäht.

Auch die Schuhe waren bei beiden Geschlechtern gleich. Männer und Frauen trugen im Haus Ledersandalen oder Pantoffeln (*socci*) und draußen

DIE FRAUEN TRUGEN OHRRINGE UND HALSKETTEN. DIE HAARE WAREN IM NACKEN ZU EINEM KNOTEN ZUSAMMENGEBUNDEN.

Stiefel. Die Bauern und die Sklaven hatten nur Holzschuhe mit festen Ledersohlen.

Auch Unterwäsche besaßen die Römer, wenn sie auch für unsere Begriffe etwas merkwürdig aussah. Männer wie Frauen trugen unter der Tunika einen Lendenschurz (*subligaculum*).

DIE MEISTEN MÄNNER TRUGEN WEISSE TOGEN. SCHWARZE TOGEN TRUG MAN NUR, WENN MAN TRAUERTE.

Die Gladiatoren hatten nur diesen Lendenschurz unter ihren Rüstungen! Die Frauen banden sich zusätzlich Leinen- oder Lederbänder um die Brust, über oder unter der Tunika. Das sah so ähnlich aus wie ein Korsett.

MEGAINTERESSANT

AUCH DIE RÖMER WAREN EITEL. MÄNNER MIT GLATZE LIESSEN SICH DAS RESTLICHE HAAR AUF EINER SEITE LÄNGER WACHSEN, UM ES DANN ÜBER DIE GLATZE ZU KÄMMEN. PICKEL WURDEN ABGEDECKT.

Schwere Oberkleidung

Manche Männer trugen über der Tunika einen schweren Umhang, die Toga. Der Name ist wahrscheinlich von dem lateinischen Wort *tegere* („bedecken") abgeleitet. Die Toga bestand aus einem einzigen, meist halbrunden Stoffstück, das lang genug

DIESE FRAUEN TRAGEN KLEIDER ZUM AUSGEHEN. JEDE FRAU HAT EINE PALLA ÜBER IHRE STOLA GELEGT.

war, um einen Mann vom Kopf bis zu den Füßen einzuhüllen. In der Regel brauchte man sogar Hilfe, um die Toga richtig anzulegen. Auch die Toga konnte mit farbigen Bändern verziert sein. Eine Toga trugen meist nur Beamte oder Männer in einer höheren gesellschaftlichen Position. Arbeiter und Sklaven hatten einfachere Kleidung.

In die *stola* schlüpfen

Wenn eine Frau aus dem Haus ging, schlüpfte sie in eine *stola*. Das war ein langes Kleid, um das man einen Brustgürtel band, sodass es in vielen Falten herabfiel. Es gab Kleider mit und solche ohne Ärmel. Über der *stola* trug eine Frau meist noch eine *palla*, ein langes Schaltuch. Zusätzlich konnte sie sich auch noch einen kurzen Schal um den Hals binden.

Megainteressant

Der römische Schriftsteller Plinius der Ältere (23–79) empfahl, Spinnweben auf die Wunde zu legen, wenn man sich beim Rasieren verletzt hatte.

Der Familienvater

Zur Familie gehörten in der römischen Gesellschaft neben Vater, Mutter und Kindern auch die Frauen der Söhne und deren Kinder. Während des größten Teils der römischen Geschichte war der Vater das Oberhaupt dieser Großfamilie. Er hatte die Pflicht, für alle zu sorgen und die Kinder zu unterrichten.

Wenn ein Kind geboren wurde, musste der Familienvater entscheiden, ob er es annehmen wollte. Sobald er das Baby auf den Arm genommen hatte, wurde es als offizielles Familien-

WEB-TIPP
www.8ung.at/improm2000life.htm

mitglied betrachtet. Nahm er es nicht an, musste man das Kind vor der Tür liegen lassen, bis es starb. So ein Kind konnte nur überleben, wenn es von einem Fremden mitgenommen wurde, und endete meist als Sklave.

Wir finden es heute grausam, kleine Kinder zu töten. In armen römischen Familien sahen sich Väter jedoch oft gezwungen, Kinder, die sie nicht ernähren konnten, vor die Tür zu legen.

Ab dem 3. Jahrhundert war es verboten, Kinder auszusetzen. Wenn ein Familienvater dies trotzdem tat, wurde er als Mörder betrachtet.

Namensgebung

Jungen erhielten ihren Namen neun Tage nach der Geburt, Mädchen nach acht Tagen. Bei der Namensgebungszeremonie wurden Gebete gesprochen und das Baby bekam ein Glücksamulett (*bulla*), das es um den Hals trug. Jungen durften es erst nach dem 16. Lebensjahr ablegen, als Zeichen dafür, dass sie jetzt erwachsen waren.

Frauen und Heirat

Mädchen legten ihr *bulla* ab, wenn sie heirateten, in der Regel mit 14 oder 15 Jahren. Sie gingen am Tag der Hochzeit nach römischer Vorstellung von der Obhut der Eltern in die des Ehemannes über. Jungen durften ebenfalls schon mit 14 Jahren heiraten, wenn auch die meisten dies erst mit fast 20 Jahren oder noch später taten.

Meist vereinbarte der Vater eines Mädchens die Hochzeit mit dem zukünftigen Ehemann. Das Mädchen durfte nicht selbst

DIE RÖMISCHEN KINDER SPIELTEN MIT PUPPEN, SOLDATEN- UND TIERFIGUREN, REIFEN UND MURMELN.

EIN RÖMISCHES BRAUTPAAR LEISTET SICH DEN TREUESCHWUR. DER BRÄUTIGAM HÄLT DEN EHEVERTRAG IN DER HAND.

entscheiden. Dann wurde ein Verlobungsfest gefeiert, bei dem das Mädchen von seinem Bräutigam einen Verlobungsring erhielt. Der Verlobte bekam vom Vater des Mädchens die Mitgift, ein Geldgeschenk.

Als bester Hochzeitsmonat galt der Monat Juni. Er war der Göttin Juno geweiht, die als Beschützerin der Ehe galt. Bei der Zeremonie unterzeichneten Braut und Bräutigam einen Vertrag, in dem sie sich gegenseitige Treue schworen. Unter Gebeten wurden den Göttern Opfer dargebracht. Danach fand ein großes Hochzeitsfest statt und die Braut zog in das Haus des Bräutigams.

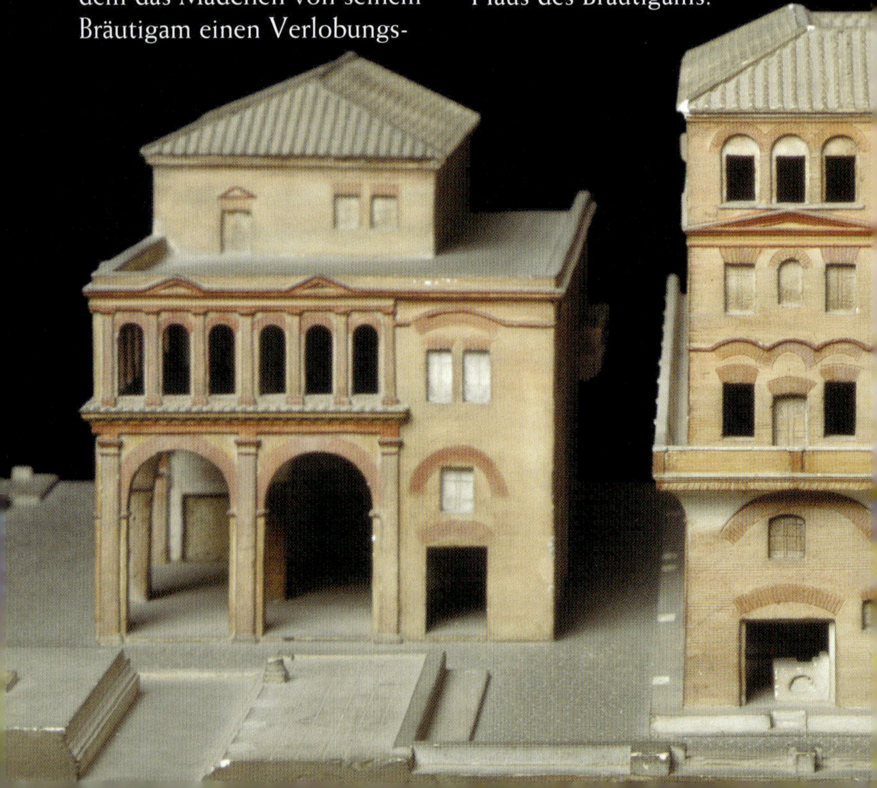

Verheiratete Frauen waren angesehene Mitglieder der römischen Gesellschaft. Sie konnten sich frei bewegen, den Sklaven des Hauses (wenn sie welche hatten) Befehle erteilen und gemeinsam mit ihren Männern an Festmählern teilnehmen. Aber man erwartete von ihnen auch, dass sie sich um die Einkäufe, die Kinder und den Haushalt kümmerten.

Gemütliches Zuhause

Es gab zwei Arten von römischen Stadthäusern: Reiche Leute besaßen eigene Häuser, die Armen lebten in großen Mietshäusern. Als sehr reicher Römer hättest du natürlich auch noch eine Villa außerhalb von Rom auf dem Land besessen, wo du deine Wochenenden verbringen konntest, weit weg vom Lärm und vom Dreck der Großstadt.

Ein Stadthaus (*domus*) war ein einstöckiges Gebäude, in dem eine Familie mit ihrem Dienstpersonal lebte. Anders als unsere heutigen Häuser besaßen die römischen Stadthäuser zur Straße hin keine Fenster. Die Häuser waren um zwei offene Plätze herum gebaut – einen Hof (*atrium*) und einen Garten (*perystilium*). Um diese Plätze herum lagen Schlafzimmer, Küche, Esszimmer, Dienstbotenräume und Vorratsräume.

DIE ARMEN LEBTEN IN DEN OBEREN STOCKWERKEN VON GROSSEN MIETSHÄUSERN. UNTEN BEFANDEN SICH GESCHÄFTE.

Alle Zimmer wurden durch ein ausgeklügeltes Heizsystem hinter den Wänden und unter den Fußböden gewärmt, durch das warme Luft zirkulierte. Kein Fremder konnte in die Häuser hineinschauen.

Wer nicht so reich war, wohnte in den meist fünfstöckigen Mietshäusern und musste hier irgendwie mit seinen Nachbarn klarkommen. Die Häuser standen so dicht nebeneinander, dass man sich gegenseitig berühren konnte. Die Wohnungen waren winzig, kalt, schmutzig und dunkel. Es gab kein fließendes Wasser, keine Heizung und keine Toiletten. Du kannst dir sicher vorstellen, dass hier manches aus dem Fenster flog, was normalerweise in den Abfluss gehörte.

EIN FESTMAHL MIT MEHREREN GÄNGEN DAUERTE STUNDEN. DIE RÖMER ASSEN MIT DEN FINGERN UND MIT LÖFFELN UND MESSERN. GABELN GAB ES NICHT.

HIER EIN LADEN IN POMPEJI. WARMES UND KALTES ESSEN ZUM MITNEHMEN BEFAND SICH IN TONTÖPFEN IN DER LADENTHEKE.

Was gab es zu essen?

Das Frühstück bestand meist aus etwas Wasser und den kalten Überresten des letzten Abendessens. Auch zum Mittagessen gab es das Gleiche oder etwas Brot und Obst.

Die Hauptmahlzeit des Tages war das Abendessen (*cena*). Bei den Reichen begann es oft schon nachmittags um drei Uhr und zog sich bis in die Nachtstunden hin. Man nahm es nach dem täglichen Bad im Esszimmer (*triclinium*) ein. An drei Seiten des Raumes standen niedrige Sofas, auf die sich die römische Familie zum Essen legte. Daneben befanden sich reich gedeckte Tische. Bei manchen Festmählern gab es mehrere Gänge mit unterschiedlichen Gerichten: Fisch, Schnecken, Fleisch, Gemüse, Geflügel, Obst, Nüsse und Gebäck. Die Erwachsenen tranken oft sehr viel Wein dazu.

Badezeit

Die Leute wuschen sich morgens nicht, da sie wussten, dass sie später am Tag auf jeden Fall baden würden. Und das Baden war eine wichtige Sache in Rom! Eigene Bäder hatten nur die ganz Reichen. Die meisten gingen in öffentliche Bäder (*thermae*). Das waren meist

DAS RÖMISCHE BAD IN AQUAE SULIS, DEM HEUTIGEN BATH IN ENGLAND.

riesige Gebäude. In dem Bad, das Kaiser Caracalla bauen ließ, konnten 1600 Besucher gleichzeitig baden!

Männer und Frauen badeten zu verschiedenen Zeiten. Nach dem Eintritt ins Bad zog man sich aus und ging in einen sehr heißen Raum (*sudatorium*), ähnlich wie unsere Sauna, zum Schwitzen. Danach begaben sich die Badenden in einen etwas kühleren Raum (*caldarium*), wo sie sich mit Öl einrieben. Dann nahmen sie einen Metallschaber und schabten das Öl zusammen mit dem Schmutz vom Körper. Erst dann tauchten sie kurz in ein Becken mit lauwarmem Wasser (*tepidarium*) und danach in eines mit kaltem Wasser (*frigidarium*). Zum Schluss erhielten sie im *unctiarium* eine Massage mit duftenden Ölen.

Im Bad traf man sich auch mit Freunden und Bekannten.

Wasserversorgung

Die römischen Städte brauchten sehr viel Wasser zum Trinken, Baden und Waschen. Den größten Teil dieses Wassers transportierten sie über die Aquädukte. Das waren riesige Wasserleitungen, die über Brücken und durch

DAS FLÄSCHCHEN ENTHIELT ÖL, MIT DEM SICH DIE BADENDEN EINRIEBEN. MIT DEM METALLSCHABER (STRIGIL), WURDE ES WIEDER VOM KÖRPER ENTFERNT.

Tunnel verliefen und das Wasser von weither aus Seen, Flüssen und Quellen bis in die Städte brachten.

BEIM ESSEN ZU RÜLPSEN, ZU SPUCKEN UND ZU FURZEN GALT ALS HÖFLICH!

Gesundheit, Krankheit, Tod
Die Römer litten unter den gleichen Krankheiten wie wir. Aber sie hatten eine kürzere Lebenserwartung. Über 60 Jahre alt wurden nur die Wohlhabenden, die sich gut ernähren und Ärzte und Medizin leisten konnten. Die Armen starben oft schon mit 40 oder 50 Jahren. Nach ihrem Tod wurden die Reichen eingeäschert, die Armen begrub man. Bei der Beerdigung zogen Verwandte, Flötenspieler und bezahlte Trauerer zusammen zum Friedhof außerhalb der Stadt. War ein reicher Mensch gestorben, trugen die Verwandten Masken, die die Ahnen darstellten. Damit wollte man zeigen, dass sich hier die ganze Familie versammelte. Die Römer hofften, nach dem Tod ins *elysium* zu kommen, den römischen Himmel.

DER PONT DU GARD IN SÜDFRANKREICH WAR GLEICHZEITIG EIN AQUÄDUKT UND EINE RICHTIGE BRÜCKE MIT EINER STRASSE.

KUNST & KULTUR

Die Römer interessierten sich in ihrer Freizeit natürlich nicht nur für blutrünstige Gladiatorenkämpfe oder Wagenrennen. Sie sahen sich als gebildetes, künstlerisch tätiges und sehr kultiviertes Volk. Brutal und barbarisch waren ihrer Ansicht nach nur die anderen Völker. Römische Kunst bestaunen wir heute noch.

Bildung

Es gab im Römischen Reich keine Schulpflicht. Viele Kinder, vor allem die mit armen Eltern, hatten dementsprechend auch keine Schulbildung. Die Eltern mussten ganz allein dafür sorgen, dass ihre Kinder zumindest lesen und schreiben lernten.

Die Kinder der ganz Reichen wurden von Privatlehrern zu Hause unterrichtet. Diese Lehrer waren oft Sklaven oder Freigelassene. Die meisten anderen Kinder schickte man in öffentliche Schulen in der Stadt. Die Schulen bestanden häufig aus einem einzigen Raum, den der Lehrer angemietet hatte – oft in einem Geschäft. Das Klassenzimmer war dann nur durch einen Vorhang davon getrennt.

EIN LEHRER UNTERRICHTET EINE GRUPPE VON SCHÜLERN.

DIE MEISTEN TEXTE WURDEN MIT TINTE AUF DÜNNE HOLZTAFELN UND PAPYRUS GESCHRIEBEN ODER MIT EINEM GRIFFEL (STYLUS) IN WACHSTAFELN GEKRATZT.

Schulstunden

Jungen und Mädchen gingen meist mit sieben Jahren zum ersten Mal in die Schule. Der Schultag begann schon kurz nach der Morgendämmerung. Die Grundschüler saßen auf Holzstühlen vor ihrem Lehrer. Als Erstes lernten sie lesen und schreiben. Die Schreib- und Leselehrer nannte man *litterator*, das heißt: „einer, der Buchstaben beibringt". *Calculator* hieß der Rechenlehrer. Die Schüler mussten die Buchstaben, Texte, Zahlen oder Rechnungen immer wieder wiederholen, bis sie sie konnten.

Mit 10 oder 11 Jahren durften manche Jungen für fünf Jahre eine Oberschule besuchen. Die Mädchen blieben ab diesem

DIE FRAU AUF DEM BILD HÄLT EINEN GRIFFEL UND EINE WACHSTAFEL, DER MANN EINE SCHRIFTROLLE.

Alter oft zu Hause, bis sie heirateten. Auch der *grammaticus*, der Lehrer der Oberschule, hatte sein Schulzimmer meist im Hinterzimmer eines Geschäftes. Die Jungen befassten sich mit den Grammatikregeln der lateinischen Sprache, lasen die Bücher berühmter Autoren und sie lernten Griechisch.

Von ihrem 14. oder 15. bis zu ihrem 20. Lebensjahr erhielten sie von einem *rhetor* Unterricht in der freien Rede. Das Klassenzimmer wurde nun vom Staat bezahlt. Die Schüler lernten, flüssig zu sprechen, ihre Gedanken klar zu strukturieren und ihre Worte mit Sorgfalt zu wählen. Die Absolventen der Rhetorikschulen wurden meist Anwälte, Richter oder Politiker.

Bücher und Bibliotheken

Mit einer guten Ausbildung konnte man die Werke römischer und griechischer Autoren lesen und verstehen. Bücher

DIE BIBLIOTHEK DES CELSUS IN DER RÖMISCHEN STADT EPHESOS (HEUTE TÜRKEI) UMFASSTE 12000 BÜCHER.

DAS THEATER SAH AUS WIE EINE ARENA, VON DER MAN EINEN TEIL ABGESCHNITTEN HAT.

wurden mit roter und schwarzer Tinte von Hand geschrieben. Die Blätter waren nicht aus Papier, sondern aus Papyrus, einem Beschreibstoff, der aus der ägyptischen Papyruspflanze hergestellt wird. Wenn man sich verschrieb, wischte man das falsche Wort mit einem feuchten Schwamm weg. Die fertigen Blätter wurden zusammengeheftet und um einen Stock (*umbilicus*) gerollt. Jede Schriftrolle enthielt etwa hundert Blätter. Aufbewahrt wurden sie, mit Titel versehen, in einer Bibliothek (*bibliotheca*).

Ein Theaterstück

Die Menschen im Römischen Reich gingen sehr gerne ins Theater. Anders als bei uns waren die römischen Theater in der Regel nur dann offen, wenn gleichzeitig andere große Veranstaltungen geboten waren, wie Wagenrennen auf der örtlichen Rennbahn oder Gladiatorenkämpfe in der Arena. Die Regierung wollte der Bevölkerung stets eine große Auswahl an Vergnügungen anbieten. Man hatte also die Wahl. Statt den Gladiatoren beim Töten zuzusehen, konnte man sich auch einen vergnüglichen Theaterbesuch gönnen.

Auf den ersten Blick sieht ein römisches Theater, wie etwa das Marcellus-Theater, das 12000 Zuschauern Platz bot, wie eine halbe Arena aus. Umgekehrt ist es jedoch richtig. Zwei halbe Theaterbauten gaben für die Römer zusammen eine Arena! Eine Arena heißt auch Amphitheater und das heißt eigentlich „doppeltes Theater".

DIE SCHAUSPIELER TRUGEN MASKEN, DIE FÜR TRAGÖDIEN UND KOMÖDIEN UNTERSCHIEDLICH WAREN. DIESE MASKE WURDE IN KOMÖDIEN GETRAGEN.

Zum Lachen bringen

Die Theaterstücke führte man am Nachmittag auf. Zur gleichen Zeit bekämpften sich am anderen Ende der Stadt, in der Arena, die Gladiatoren. Die Theaterbesucher buhten einen schlechten Schauspieler höchstens aus oder bewarfen ihn mit Äpfeln (nicht mit Tomaten – die waren vor dem 15. Jahrhundert hier unbekannt). In der Arena wurden schlechte Gladiatoren derweil zum Tod verurteilt, wenn das Publikum die Daumen senkte. Im Theater war man allerdings auch mehr darauf aus, das Publikum zum Lachen zu bringen, statt seine niedrigsten Instinkte anzusprechen. Die Zuschauer liebten derbe Komödien. Wenn sie begeistert waren, schnippten sie mit den Fingern und klatschten oder sie wedelten mit Taschentüchern oder Kleidungszipfeln. Aber auch ernste Stücke, die Tragödien, schaute man sich gerne an.

DIE WANDMALEREI ZEIGT EINEN HEFTIGEN AUFRUHR IN DER ARENA VON POMPEJI IM JAHR 59.

Malerei

Die Römer waren sehr gute Künstler und Kunsthandwerker. Wände, Böden und Decken in öffentlichen und privaten Gebäuden waren reich verziert. Man bemalte die Wände meistens so, dass es zum jeweiligen Raum passte. Die Wände eines Badezimmers waren zum Beispiel mit Fischen und Flusslandschaften verziert, die Wände des Esszimmers mit Jagdszenen, erlegten Tieren und Festmählern.

Die Künstler malten imaginäre Sockel und Säulen auf die Wände (am liebsten in Rot). Auf manchen Wänden können wir heute noch Landschaften, Blumen oder Gestalten aus der römischen und griechischen Mythologie bewundern. Teilweise wirken diese bemalten Räume auf uns sehr überladen, aber für die Römer damals waren sie absolut modisch und zeugten von gutem Geschmack.

Glücklicherweise sind sehr viele dieser Malereien erhalten geblieben. Sie sind für uns wichtige Zeugnisse vom Leben im alten Rom. Zum Beispiel hat ein unbekannter römischer Künstler in Pompeji, einer

MEGAINTERESSANT

IM RÖMISCHEN THEATER GAB ES WAHRE SOUND-EXPERTEN. UM DONNER ZU ERZEUGEN, LIESSEN SIE BRONZEKUGELN DURCH EIN METALLROHR ROLLEN UND UNTEN AUF EINEM ZINNBLECH AUFPRALLEN.

MOSAIKEN ZEIGEN OFT SZENEN UND OBJEKTE AUS DEM ALLTAG.

kleinen Stadt südlich von Rom, einen Kampf zwischen den Zuschauern eines Gladiatorenkampfes in seinem Bild dargestellt, der im Jahr 59 tatsächlich stattgefunden hat.

Die Mosaikkünstler

Die wunderschönen römischen Mosaiken sind auch heute noch weltberühmt. Wusstest du aber, dass die Mosaikkunst von den Griechen erfunden wurde und nicht von den Römern? Die Römer jedoch entwickelten sie bis zur Perfektion weiter. Die Mosaiken entstanden aus verschiedenfarbigen Steinchen, die in feuchten Mörtel gedrückt wurden. Manche dieser Steine hatten kaum 5 mm Seitenlänge!

Mit Mosaiken verzierte man meist die Böden, aber auch

einige Wände. Das Aussehen der Mosaiken lässt unter anderem darauf schließen, wie viel Geld der Auftraggeber hatte und was ihm gefiel. Die einfachsten Mosaiken bestanden nur aus einer Reihe von sich wiederholenden geometrischen Mustern – Quadraten, Dreiecken oder Rauten –, die meist aus großen, unregelmäßig behauenen Steinen oder einfachen Kieseln hergestellt wurden. Für teurere Mosaiken verwendete man unzählige winzige Steinchen. Diese wahren Meisterwerke zeigen lebensnahe Darstellungen von Menschen, Göttern und Tieren. Die kostbarsten Mosaiken bestehen sogar aus Gold-, Kristall- und Marmorstückchen.

Glas und Keramik

Die Römer stellten auch wunderbare Glaswaren, wie mundgeblasene Flakons und Flaschen, her. Auf feineren Gefäßen zogen sich Goldbänder durch das Glas.

In den Töpfereien entstanden Unmengen von Keramiken. Die Palette reichte von Lampen über Schalen und Tassen bis zu großen Vorratsbehältern (*amphora*), in denen man Wein und Öl aufbewahrte. Manche Gefäße erhielten eine Glasur, andere waren mit Motiven verziert, wobei farbige Glaspasten auf Keramik und Glas aufgeschmolzen wurden. Beliebt waren Abbildungen von Göttern und Göttinnen und religöse Szenen.

„VORSICHT BISSIGER HUND!", WARNTE EIN MOSAIK BEI EINEM HAUS IN POMPEJI.

DIESE SCHÖNE RÖMISCHE VASE BESTEHT AUS BLAUEM UND WEISSEM GLAS.

GÖTTER & TEMPEL

Die Römer glaubten während des größten Teils ihrer Geschichte an viele Göttinnen und Götter. Sie stellten sich vor, dass diese übernatürlichen Wesen über sie wachten, jeden Teil ihres Alltags kontrollierten und ihnen Gutes taten, solange sie nur an sie glaubten und ihnen Opfer darbrachten.

Götterwohnungen
Für die Römer waren die Tempel die Häuser ihrer Götter. Du darfst dir das nicht so vorstellen wie bei unseren Kirchen, Moscheen oder Synagogen. Die Römer beteten nicht in den Tempeln, sondern bei einem Altar in der Nähe des Tempels. Dort brachten sie auch ihre Opfer dar. Im dunklen Inneren der römischen Tempel befand sich nur eine Statue der Gottheit, die den Tempel bewohnte. Man glaubte, dass der Geist der Gottheit in der Statue lebte.

Große und kleine Gaben
Die Menschen wollten, dass die Götter etwas für sie taten. Im

VOR DER OPFERUNG EINES STIERS REINIGT EIN PRIESTER DIE LUFT DURCH VERBRENNEN VON WOHLRIECHENDEM WEIHRAUCH.

Gegenzug schenkten sie ihnen Dinge, die sie sich leisten konnten, von wenigen Haaren bis zu ganzen Schweinen, Schafen oder Ochsen. Ein großes Tier, wie beispielsweise ein Ochse, war ein sehr großes Geschenk für einen Gott und konnte diesen günstig stimmen.

Man musste allerdings Regeln beachten. Männliche Tiere wurden männlichen Gottheiten geopfert, weibliche Tiere weiblichen Gottheiten. Manche Götter wollten ganz bestimmte Tiere. Und bei manchen religiösen Festen musste man Schweine opfern und keine Schafe.

Das Opfertier erhielt einen Schlag, von dem es bewusstlos wurde. Dann schnitt man ihm die Kehle durch. Hühnern drehte man den Hals um. Das tote Tier wurde ausgenommen, woraufhin ein Priester aus den Eingeweiden die Zukunft vorhersagte. Eine gesunde Leber bedeutete Glück, eine kranke Pech für den Menschen, der das Opfer dargebracht hatte.

Der Hausaltar

In jedem römischen Haushalt, ob arm oder reich, stand ein kleiner Hausaltar (*lararium*). Jeden Morgen richtete der Familienvater ein Gebet an die Hausgeister (*larares*) und stellte ihnen etwas Brot, Obst und manchmal auch Wein auf den Altar.

JUPITER, DEN DIE GRIECHEN ZEUS NANNTEN, GALT ALS KÖNIG DER GÖTTER. MANCHE KAISER HIELTEN SICH SELBST FÜR JUPITER!

Glückliche Götterfamilie

Die Römer hatten 12 Hauptgötter und Hauptgöttinnen. Das war genau die gleiche Anzahl wie bei den Griechen. Tatsächlich haben die Römer einfach die griechischen Götter und Göttinnen übernommen und ihnen neue lateinische Namen gegeben. Zeus, der

DAS MOSAIK ERINNERT DARAN, DASS DIE ZEIT (DAS RAD) VERGEHT UND DER TOD (DER SCHÄDEL) UNAUSWEICHLICH KOMMT.

griechische Göttervater wurde bei den Römern zu Jupiter. Hera, die Ehefrau von Zeus und Göttermutter, hieß nun Juno. Athena nannten die Römer Minerva, Ares Mars usw.

Aber die Römer adoptierten nicht nur griechische Götter. Wenn sie ein neues Gebiet eroberten, ließen sie den Bewohnern ihren Glauben und begannen sogar selbst deren Gottheiten anzubeten, beispielsweise Isis, eine ägyptische Göttin, und Mithras, einen persischen Gott. Nur bei Völkern, die sich weigerten, den Kaiser anzubeten, wie die Christen, kannten sie keine Gnade.

Tod und Jenseits
Die Römer glaubten, dass sie nach dem Tod weiterlebten. Den Himmel stellten sie sich als Ort ewiger Glückseligkeit vor. Damit die Toten sicher dahin gelangten, legte man ihnen eine Silbermünze unter die Zunge. So konnten sie Charon bezahlen. Er ruderte die Seelen über den Fluss Styx, der die Unterwelt umfloss.

Auf der anderen Seite trafen die Seelen auf den dreiköpfigen, monsterartigen Höllenhund Zerberus, der aufpasste, dass die Seelen nicht zurückgingen. Dann mussten die Seelen vor drei Richtern Rechenschaft für ihre Taten ablegen. Schließlich bekamen sie Wasser aus dem Fluss Lethe zu trinken und vergaßen ihr Leben auf der Erde.

Die meisten Seelen durften gleich ins Elysium, den Platz für Helden und Krieger, oder zu den Asphodelischen Gefilden, dem Ort für brave Bürger. Wenn die Richter jedoch der Meinung waren, dass eine Seele ein böses Leben geführt hatte, wurde diese in den Tartaros gesandt, die römische Hölle. Nach einer langen Strafe kam sie endlich auch ins Elysium.

JEDE FAMILIE HATTE IHREN SCHUTZGEIST: DEN GENIUS.

Die Religion der Christen
Im ersten Jahrhundert entstand in der römischen Provinz Judäa, im heutigen Gebiet von Israel, Palästina und Jordanien, eine

ZWEI SEELEN STEIGEN IN CHARONS BOOT, UM ÜBER DEN FLUSS STYX GERUDERT ZU WERDEN.

DIE KREUZIGUNG WAR EINE SEHR GRAUSAME UND BESCHÄMENDE HINRICHTUNGSART. DIESE ELFENBEINSCHNITZEREI AUS DEM 5. JAHRHUNDERT ZEIGT DIE KREUZIGUNG JESU.

neue Religion – das Christentum. Sie gewann sehr schnell viele Anhänger, die den Lehren des Jesus von Nazareth folgten. Manche Juden sahen in Jesus den Sohn Gottes – den Messias, der sie von der römischen Besatzung befreien würde. Andere widersprachen dem und forderten im Jahr 33 die Römer auf, Jesus hinzurichten. Die Römer fürchteten Unruhen und kreuzigten Jesus. Doch seine

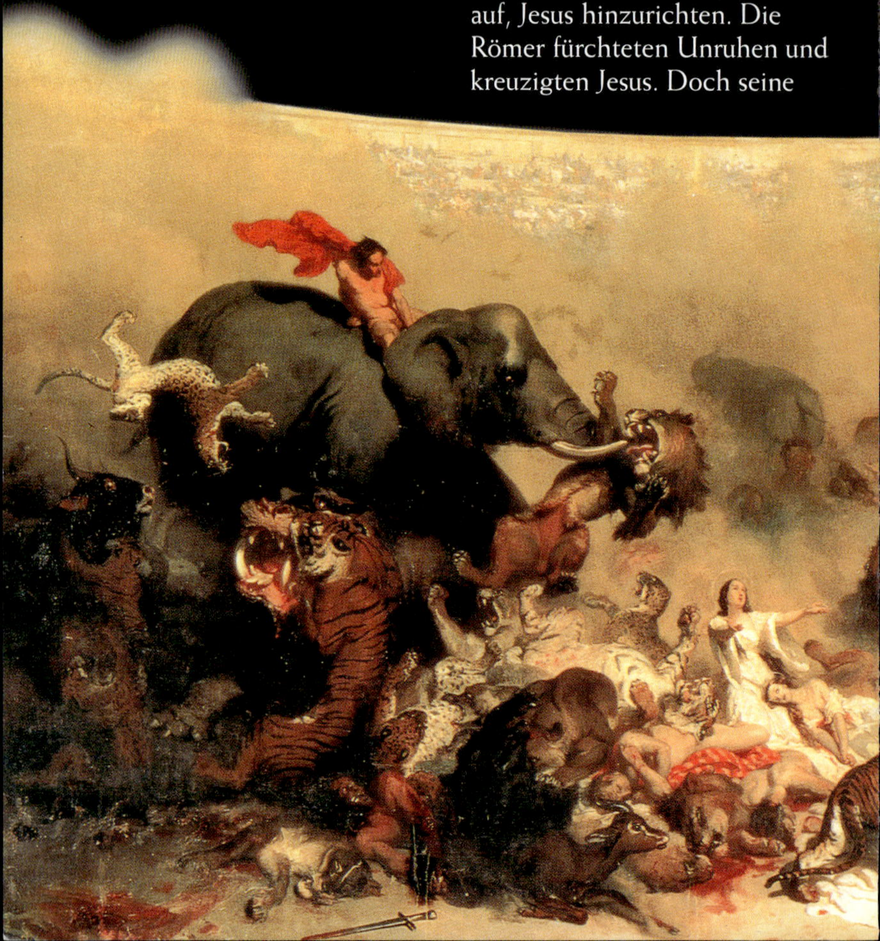

Anhänger blieben zusammen und innerhalb weniger Jahre war ein Kult um das Andenken Jesu entstanden.

Als Kriminelle behandelt

In den 50er-Jahren des 1. Jahrhunderts erreichte das Christentum Rom. Hier wurden Christen als Bedrohung empfunden, weil ihr Glaube an einen Gott die römische Glaubenslehre infrage stellte. Rom verfolgte Christen, die keine anderen Götter verehrten. Die Christen mussten sich heimlich treffen. Manche Leute hielten sie für Kriminelle.

Im Jahr 64 wurde ein großer Teil der Stadt Rom durch eine Feuersbrunst zerstört. Der gerade herrschende Kaiser Nero beschuldigte die Christen, den Brand gelegt zu haben. Nero ging ungeheuer grausam vor. Er ließ die Christen zusammentreiben und töten – manche wurden an Pfosten gebunden, mit Pech bestrichen und angezündet. Das Feuer rund um Neros Palastanlage brannte die ganze Nacht. Andere behandelte man wie normale Kriminelle. Sie wurden enthauptet oder den Tieren in der Arena vorgeworfen. (Es handelte sich allerdings nicht um die Arena des Kolosseums. Das wurde erst einige Jahre später gebaut.)

Aber auch diese furchtbaren Verfolgungen änderten nichts an der Ausbreitung des Christentums. Es wurde mächtiger, als Rom es jemals war.

MEGAINTERESSANT

STARBEN TATSÄCHLICH CHRISTEN IM KOLOSSEUM? DAS IST NICHT BEWIESEN. ES GIBT KEINEN HINWEIS DARAUF, DASS MAN HIER AUCH CHRISTEN HINRICHTETE.

AUF DIESEM GEMÄLDE AUS DEM 19. JAHRHUNDERT WERDEN CHRISTEN IN EINER RÖMISCHEN ARENA VON TIEREN GETÖTET.

ANFANG & ENDE

Nichts dauert ewig. Auch das Römische Reich ging eines Tages unter. Im 4. Jahrhundert mussten die Römer die in die Grenzregionen einfallenden Barbaren bekämpfen. Oft kämpften innerhalb des Reiches Kaiser und Gegenkaiser gegeneinander um die Herrschaft, statt sich um die Feinde zu kümmern. Und was die Christen betraf – die wurden immer stärker.

Ein historischer Augenblick Die Schlacht an der Milvischen Brücke, außerhalb von Rom, war der Wendepunkt in der römischen Geschichte. Hier besiegte im Jahr 312 Konstantin, ein General, seinen Gegner Maxentius und wurde Kaiser. Vor der Schlacht hatte der zukünftige Kaiser eine Vision. Er sah den Christengott, der ihm sagte: „Siege unter dem Zeichen des Kreuzes!" Er war sich sicher, dass der christliche Gott ihm zum Sieg verholfen hatte. Als Dank dafür erlaubte er den Christen die freie Ausübung ihrer Religion. Die Christenverfolgungen waren damit vorbei und in Rom baute man die ersten Kirchen.

KAISER KONSTANTIN STOPPTE DIE CHRISTENVERFOLGUNGEN UND WURDE SELBST EIN CHRIST.

Tschüs, Gladiatoren! Immer mehr Römer wendeten sich von den alten Göttern ab und wurden Christen.

Den Christen gefielen die grausamen Spiele im Kolosseum und in anderen Arenen des Reiches nicht. Kaiser Konstantin verbot im Jahr 326 schließlich die Gladiatorenkämpfe. Nach ihm gab es zwar noch einige Kaiser, die die Kämpfe wieder förderten, wie etwa der nichtchristliche Kaiser Julian. Aber das Gladiatorenzeitalter ging allmählich seinem Ende zu.

Im Jahr 391 untersagte Kaiser Theodosius alle heidnischen Opfer. Die Tempel der heidnischen Gottheiten wurden geschlossen. 399 ließ Kaiser Honorius auch die Gladiatorenschulen schließen. Das endgültige Aus kam dann im Jahr 400. Die Legende erzählt, dass der christliche Mönch Almachius im Kolosseum versuchte, zwei Gladiatoren zu trennen. Es kam zu einem Tumult, bei dem der Mönch entweder von der aufgebrachten Zuschauermenge oder auf Befehl von den Kämpfern getötet wurde. Danach verbot der entsetzte Kaiser Honorius alle Gladiatorenkämpfe. Nur die Tierhatzen durften noch etwa 200 Jahre lang gezeigt werden.

WEB-TIPP
www.lateinforum.de

DAS NICHT MEHR GENUTZTE KOLOSSEUM ZERFIEL ALLMÄHLICH UND SEINE STEINE WURDEN FÜR NEUE HÄUSER VERWENDET.

Megainteressant
Die Kaiser-Throne aus dem Kolosseum wurden später zu Bischofsstühlen in Kirchen. Auch die Stufen des Petersdoms im Vatikan bestehen aus Marmor aus dem Kolosseum.

Das Ende

Gegen Ende des 4. Jahrhunderts drangen Westgoten und Vandalen in das Römische Reich ein. Die römischen Legionen wurden von ihren Außenposten zurückgezogen, um die Hauptstadt zu schützen. Dennoch zerstörten Westgoten im Jahr 410 den größten Teil der Hauptstadt. Das Reich zerfiel.

Das neue Rom

Im Jahr 476 rettete sich der gerade erst 16 Jahre alte Kaiser Romulus Augustulus vor den Barbaren, indem er ihnen die Stadt Rom und die Reste des Römischen Reichs überließ. Er gilt als der letzte echte römische Kaiser.

Die römische Kultur hielt sich aber im Osten des ehemaligen Römischen Reichs noch viele hundert Jahre länger. Dort entstand das „neue Rom": Konstantinopel. (Die Stadt heißt heute Istanbul und liegt in der Türkei.) Gladiatoren aber gab es nicht mehr.

410 ERSTÜRMT ALARICH, DER KÖNIG DER WESTGOTEN, MIT SEINEN KRIEGERN ROM.

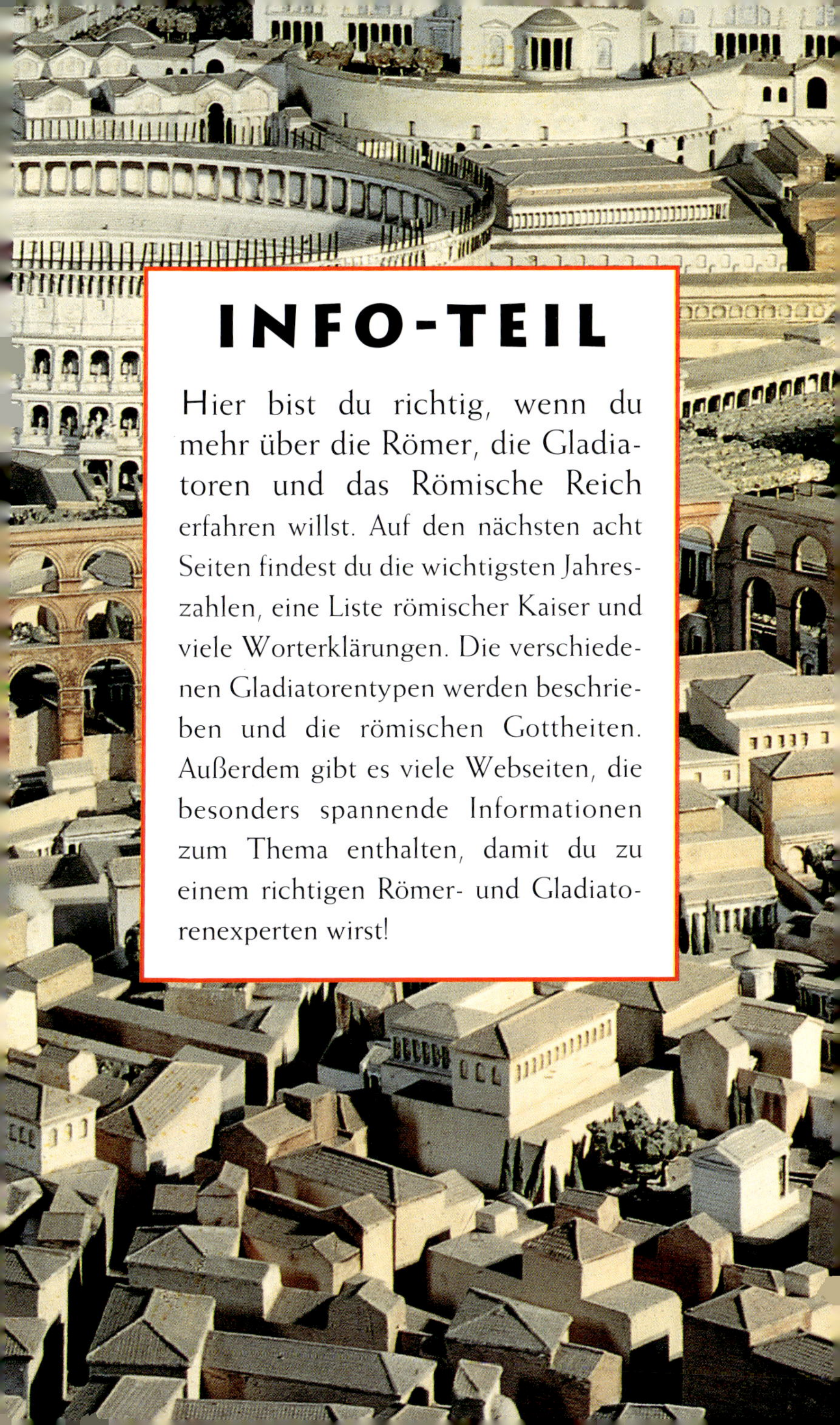

INFO-TEIL

Hier bist du richtig, wenn du mehr über die Römer, die Gladiatoren und das Römische Reich erfahren willst. Auf den nächsten acht Seiten findest du die wichtigsten Jahreszahlen, eine Liste römischer Kaiser und viele Worterklärungen. Die verschiedenen Gladiatorentypen werden beschrieben und die römischen Gottheiten. Außerdem gibt es viele Webseiten, die besonders spannende Informationen zum Thema enthalten, damit du zu einem richtigen Römer- und Gladiatorenexperten wirst!

GLOSSAR

Amphitheater
Ein Open-Air-Theater.
Amphore
Vorratsgefäß für Wein oder Öl.
Aquädukt
Wasserleitung in Brückenform.
Arena
Der Boden des Amphitheaters. *arena* heißt auf Deutsch „Sand".
Atrium
Eingangsbereich eines römischen Hauses.
Balliste
Katapult, das Steine schleudert.
Barbar
Für einen Römer alle Menschen, die nicht Römer waren.
Basilika
Ein öffentliches Gebäude mit Gericht, Büros und Geschäften.
Beinschiene
Metallschiene für Gladiatoren zum Schutz der Beine.
Bestiarius
Der Helfer eines Tierkämpfers, der in der Arena Tiere quälte.
Bürger
Ein Mann, der in Rom geboren war und römische Eltern hatte. Manche Bewohner der römischen Provinzen erhielten ebenfalls das Bürgerrecht.
Bulla
Glücksamulett für Kinder.
Calculator
Ein Mathematiklehrer.
Caldarium
Warmer Raum im römischen Bad.
Circus
Eine Rennstrecke.
Domus
Ein Stadthaus.
Editor
Ein reicher Veranstalter eines Gladiatorenkampfes.
Elysium
Der römische Himmel.
Etrusker
Ein Volk in Italien. Die Etrusker lebten nördlich von Rom.
Forum
Der Platz im Stadtzentrum. Hier fanden Märkte, politische Veranstaltungen und Prozessionen statt.
Frigidarium
Kaltwasserbecken in römischen Bädern.
Genius
Ein Schutzgeist im Haus.
Gladiator
Ein gut ausgebildeter Kämpfer, der mit dem Schwert (*gladius*) kämpft.
Gladius
Das Kurzschwert der Gladiatoren.
Graffiti
Auf eine Mauer geritzte oder gemalte Buchstaben und Zeichen.
Heide
Ein Mensch, der nicht an eine Religion glaubt, die nur einen Gott verehrt.
Kaiser
Der Herrscher des römischen Reiches (nach Julius Cäsar).
Kohorte
Einheit (480 Soldaten) einer Legion.
Konsul
Der oberste Regierungsbeamte in Rom.
Kreuzigung
Hinrichtung, bei der das Opfer an ein Holzkreuz genagelt oder gebunden wird.

INFO-TEIL

Hier bist du richtig, wenn du mehr über die Römer, die Gladiatoren und das Römische Reich erfahren willst. Auf den nächsten acht Seiten findest du die wichtigsten Jahreszahlen, eine Liste römischer Kaiser und viele Worterklärungen. Die verschiedenen Gladiatorentypen werden beschrieben und die römischen Gottheiten. Außerdem gibt es viele Webseiten, die besonders spannende Informationen zum Thema enthalten, damit du zu einem richtigen Römer- und Gladiatorenexperten wirst!

DIE RÖMISCHEN KAISER

In der folgenden Liste findest du die meisten Männer, die sich in Rom Kaiser nannten, und die Jahre ihrer Regentschaft. In Rom gab es manchmal zwei oder mehr Kaiser zur gleichen Zeit! Dann spricht man von Kaisern und Gegenkaisern. Es gab zwischendurch auch Jahre ohne Kaiser. Nach der Teilung des Reiches im Jahr 284 regierte jeweils ein Kaiser in Ost- und einer in Westrom.

Julisch-claudische Dynastie

27 v.–14 n.Chr.	Augustus
14–37	Tiberius
37–41	Caligula (Gaius)
41–54	Claudius
54–68	Nero

Bürgerkrieg von 69

68–69	Galba
69	Vitellius
69	Otho

Flavische Dynastie

69–79	Vespasian
79–81	Titus
81–96	Domitian

Adoptivkaiser

96–98	Nerva
98–117	Trajan
117–138	Hadrian
138–161	Antoninus Pius
161–180	Mark Aurel
161–169	Lucius Verus
180–192	Commodus

Bürgerkrieg von 193

193	Pertinax
193	Didius Julianus
193–194	Pescennius Niger
193–194	Clodius Albinus

Severische Dynastie

193–211	Septimius Severus
211–217	Caracalla
211–212	Geta
217–218	Macrinus
218	Diadumenianus
218–222	Elagabal
222–235	Severus Alexander

Die Soldatenkaiser

235–238	Maximinus Thrax
238	Gordianus I.
238	Gordianus II.
238	Pupienus/Balbinus
238–244	Gordianus III.
244–249	Philippus Arabs
249–251	Decius
251–253	Trebonianus Gallus
251–253	Volusianus
253	Aemilianus
253–260	Valerianus
253–268	Gallienus

Gallische Gegenkaiser

259–269	Postumus
269	Laelianus
269	Marius
268–271	Victorinus
270–274	Tetricus

Illyrische Soldatenkaiser

268–270	Claudius Gothicus
270	Quintillus
270–275	Aurelian
275–276	Tacitus
276	Florianus
276–282	Probus
282–283	Carus
283–284	Numerian
283–285	Carinus

Tetrarchiephase

284–305	Diokletian
286–305	Maximian
305–306	Constantius I.
305–311	Galerius
306–307	Severus II.
306–312	Maxentius
310–313	Maximius Daia
308–324	Licinius

Konstantinische Dynastie

306–337	Konstantin I.
337–340	Konstantin II.
337–350	Constans
337–361	Constantius II.
360–363	Julian Apostata
363–364	Jovianus

Valentinianische Dynastie

364–375	Valentinian I. (West)
364–378	Valens (Ost)
367–383	Gratian (West)
375–392	Valentinian II. (West)

Theodosianische Dynastie

379–395	Theodosius I.
395–408	Arcadius (Ost)
395–423	Honorius (West)
408–450	Theodosius II. (Ost)
423–425	Johannes (West)
425–455	Valentinian III. (West)

Weitere Kaiseranwärter

Während dieser Zeit gab es viele andere Kaiser oder Gegenkaiser, die zeitweise eine bestimmte Region regierten. Hier sind einige Namen:

286–293	Carausius
350–353	Magnentius
360–366	Procopius
380–388	Magnus Maximus
392–394	Eugenius
407–411	Konstantin III.
409–422	Maximus

Letzte Kaiser Westroms

425–455	Valentinian III.
455	Petronius Maximus
455–456	Avitus
457–461	Majorian
461–465	Livius Severus
466	*(kaiserlose Zeit)*
467–472	Anthemius
472	Olybrius
473–474	Glycerius
473–476	Julius Nepos
476	Romulus Augustulus

GLADIATORENTYPEN

Andabata („Blindkämpfer")
Der *andabata* trug volle Rüstung und einen geschlossenen Helm, durch den er nichts sehen konnte. Er stocherte mit dem Schwert herum, bis er auf seinen Gegner traf.
Cruppellarius („roh gepanzerter Krieger") Er trug volle Rüstung und war schwer bewaffnet.
Dimachaerus („Zweischwert-Kämpfer") Kämpfte mit zwei Schwertern oder Dolchen.
Eques („Pferdemann")
Berittener Gladiator. Er trug eine 2 m lange Lanze und ein Schwert sowie eine Tunika, einen Rundschild und einen Helm. Schienbein und Schwertarm waren mit Polstern geschützt.

Essedarius („Streitwagen-Kämpfer")
Dieser Gladiator kämpfte von einem zweirädrigen Streitwagen aus, meist gegen einen anderen *essedarius*. Wie sie kämpften, wissen wir leider nicht. Möglicherweise mussten sie zum Kämpfen vom Streitwagen absteigen.

Hoplomachus („Schildkämpfer")
Das war der Gladiator mit der schwersten Rüstung. Die Schienbeine wurden durch metallene Beinschienen geschützt, der rechte Oberschenkel und der rechte Arm durch mehrere Stoffpolster. Kopf und Gesicht bedeckte ein Helm. Er trug einen kleinen runden Schild, Lanze und Dolch oder Kurzschwert.

Laquearius („Wurfschlingen-Gladiator")
Er fing seinen Gegner mit einem Lasso und trug nur wenig Rüstung.

Murmillo („Fischmann")
Der mit einem Fischsymbol verzierte Helm bedeckte das ganze Gesicht. Er trug ein Schwert und einen großen Schild. Die Brust war ungeschützt. Schwertarm und Beine hatte er mit Polstern umwickelt. Der „Fischmann" kämpfte immer gegen einen *thrax* oder einen *hoplomachus*.

Paegniarius („Schaukämpfer")
Er machte die Schaukämpfe in den Pausen, bei denen kein Blut floss. Ein *paegniarius* kämpfte mit Peitsche, Keule und Schild.

Provocator („Herausforderer")
Dieser Gladiator trug nur am linken Bein eine Schiene. Sein rechtes Bein war frei. Die Brust schützte er mit einer Brustplatte aus Metall. Sein Helm besaß ein Visier. Am Schwertarm hatte er einen Armschutz. Er trug einen großen rechteckigen Schild und ein Kurzschwert.

Retiarius („Netzkämpfer")
Ein nur leicht bewaffneter, sehr beweglicher Gladiator, der kaum Rüstung und keinen Helm trug. Er kämpfte mit einem Netz und einem Dreizack. Seine linke Schulter und der linke Arm waren geschützt. Abgesehen davon trug er nur einen Lendenschurz. Seinen Gegner, meist einen *secutor*, fing er mit dem Netz. Das Netz war mit kleinen Bleistückchen beschwert, damit er es schneller auswerfen konnte.

Sagittarius („Bogenschütze")
Dieser Gladiator hatte einen Bogen, mit dem er Pfeile 200 m weit schießen konnte.

Scissor („Scheren-Gladiator")
Von diesem Gladiator kennen wir nur den Namen.

Secutor („Verfolger")
Er trug einen rechteckigen Schild, einen Helm mit Visier und kämpfte mit Dolch oder Kurzschwert. Eine Beinschiene schützte das linke Bein, ein Stoffpolster den rechten Arm.

Tertiarius („Ersatzkämpfer")
Der dritte Mann. Hier kämpften zunächst zwei Männer. Der Gewinner trat dann gegen einen Dritten an. Er hieß auch *suppositicius*.

Thrax („Der Thraker")
Zu seiner schweren Rüstung gehörten ein Helm mit hohem Federbusch, Beinschienen über leichten Hosen, Polster über den Oberschenkeln und dem Schwertarm und ein kleiner rechteckiger Schild. Er kämpfte mit einem kurzen Krummschwert.

Velitis („Plänkler")
Er trug einen Speer, der an einer Leine befestigt war, damit er ihn nach dem Werfen wieder zurückholen konnte.

ZAHLEN

Die römischen Zahlen bestehen aus sieben verschiedenen Buchstaben:

I (1) **V** (5) **X** (10) **L** (50)
C (100) **D** (500) **M** (1000).

Sie sind nach einem logischen Muster auf der Grundlage der Addition und Substraktion aufgebaut. Die Zahl 4 besteht zum Beispiel aus einer 5, vor die man eine 1 stellt. Das heißt: 1 weniger als 5. 6 wurde so geschrieben: VI. Das bedeutet: 1 mehr als 5. Die Seitenzahl in römischen Ziffern:

LXXXIX (50 + 10 + 10 + 10 + 9).

Bei größeren Zahlen brauchte man nicht automatisch mehr Buchstaben. Die Zahl 99 wurde zum Beispiel so geschrieben: IC (1 weniger als 100), die Zahl 1001 so: MI (1000 plus 1).

1	**I**	11	**XI**	30	**XXX**
2	**II**	12	**XII**	40	**XL**
3	**III**	13	**XIII**	50	**L**
4	**IV**	14	**XIV**	60	**LX**
5	**V**	15	**XV**	100	**C**
6	**VI**	16	**XVI**	200	**CC**
7	**VII**	17	**XVII**	300	**CCC**
8	**VIII**	18	**XVIII**	400	**CD**
9	**IX**	19	**XIX**	500	**D**
10	**X**	20	**XX**	1000	**M**

DIE RÖMER IM INTERNET

www.fortunecity.de/olympia/adrenalin/359
Spannende Seiten rund um Gladiatoren und die Spiele im antiken Rom.
www.roma-antiqua.de/index_intern.html
Virtueller Rundgang zu den antiken Stätten Roms mit Erläuterungen zur Geschichte und einer Liste der römischen Kaiser.
www.baselland.ch/docs/kultur/augustaraurica/glossar/g/gladiatoren.htm
Informationen über Gladiatorenkämpfe im Amphitheater der Römerstadt Augusta Raurica bei Basel.
www.das-forum-romanum.de
Wissenswertes über Rom, das Forum Romanum und andere antike Stätten.
http://cueni.ch/romreplik.html
Ausrüstung und Bewaffnung der römischen Legionäre in Wort und Bild.
www.kreienbuehl.ch/lat/latein/kultur/kulturx.html
Umfangreiche Informationen zu Leben und Kultur im alten Rom.
http://keplerweb.oeh.uni-linz.ac.at/Tea_Al/home/spezialgebiet.htm
Theater und Zirkusspiele im alten Rom.
www.duerrholz.de/latein-welt/initium.htm
Wissenswertes über Rom und das Leben in der Antike.
http://home.eduhi.at/member/rw/realia/heer/heer.html
Das Heer der Römer.

GÖTTER UND GÖTTINNEN

Dies sind die wichtigsten römischen Götter und Göttinnen sowie einige kleinere Gottheiten. Die 12 Hauptgötter tragen einen Stern (*).

Apollo *
Gott der Heilkunst und Vorhersage.
Griechischer Name: Apollo.

Aesculapius (Äskulap)
Gott der Heilkunst.
Griechischer Name: Asklepius.

Bacchus
Gott des Weines.
Griechischer Name: Dionysos.

Ceres *
Göttin des Ackerbaus.
Griechischer Name: Demeter.

Cupido
Gott der Liebe.
Griechischer Name: Eros.

Diana *
Göttin des Mondes und der Jagd.
Griechischer Name: Artemis.

Dis (auch Pluto genannt)
Gott der Unterwelt.
Griechischer Name: Hades.

Faunus
Gott der Fruchtbarkeit.
Griechischer Name: Pan.

Herkules
Gott des Sieges und des Handels.
Griechischer Name: Herakles.

Janus
Gott der Tore und Durchgänge.
Eine allein römische Gottheit.

Juno *
Göttin der Frauen und der Ehe, Königin der Götter, Ehefrau von Jupiter. Griechischer Name: Hera.

Jupiter *
Gott der Himmel und des Wetters, König der Götter, Ehemann von Juno. Griechischer Name: Zeus.

Mars *
Gott des Krieges.
Griechischer Name: Ares.

Merkur *
Götterbote und Gott der Reisenden.
Griechischer Name: Hermes.

Minerva *
Göttin der Weisheit.
Griechischer Name: Athena.

Mithras
Gott der Sonne, Lichtbringer.
Eine persische Gottheit.

Neptun *
Gott der Meere und Ozeane und der Erdbeben. Griechischer Name: Poseidon.

Proserpina
Göttin der Unterwelt.
Griechischer Name: Persephone.

Roma
Göttin der Stadt Rom. Sie verkörpert die Größe der Römischen Republik und des Reiches.

Saturn
Gott der Zeit.
Griechischer Name: Kronos.

Uranus
Gott des Himmels.
Griechischer Name: Uranus.

Venus *
Göttin der Liebe.
Griechischer Name: Aphrodite.

Vesta *
Göttin des Herdfeuers.
Griechischer Name: Hestia.

Vulcanus *
Gott des Feuers und der Schmiede.
Griechischer Name: Hephaistos.

WICHTIGSTE GESCHICHTSDATEN

um 1000 v. Chr.
Erste Dörfer auf den röm. Hügeln.
753 v. Chr.
Die Gründung Roms.
um 753–509 v. Chr.
Rom wird von Königen regiert.
509 v. Chr.
Letzter König wird verjagt. Beginn der Römischen Republik.
387 v. Chr.
Plünderung Roms durch die Kelten.
264 v. Chr.
Erste Gladiatorenkämpfe in Rom.
264–146 v. Chr.
Punische Kriege (gegen Karthago in Nordafrika).
215–146 v. Chr.
Krieg gegen die Griechen.
73–71 v. Chr.
Spartakus, ein Sklave, der Gladiator wurde, führt einen Aufstand von 70000 Sklaven gegen Rom an.
58–51 v. Chr.
Gallien wird erobert.
45 v. Chr.
Cäsar wird Diktator von Rom.
44 v. Chr.
Cäsar wird ermordet, weil man befürchtet, dass er zu mächtig wird.
27 v. Chr.
Ende der Römischen Republik. Oktavian (Gaius Octavius) wird unter dem Namen Augustus erster römischer Kaiser.
64
Große Teile von Rom werden durch ein Feuer zerstört. Beginn der Christenverfolgungen durch Kaiser Nero.
68–69
Die Machtkämpfe nach Neros Tod führen zu einem Bürgerkrieg.
79
Der Ausbruch des Vulkans Vesuv zerstört einige römische Städte.
80
Das Kolosseum in Rom wird eröffnet.
84–150
Bau des Obergermanischen Limes.
um 120
Größte Ausdehnung des Römischen Reiches.
271
Um Rom wird die Aurelianische Mauer gebaut.
284
Das Römische Reich wird in Ostrom und Westrom aufgeteilt.
311
Mailänder Toleranzedikt. Alle Religionen im Römischen Reich werden toleriert.
326
Konstantin schafft die Gladiatorenspiele ab. (Seine Nachfolger führen sie teilweise wieder ein.)
330
Konstantinopel (das heutige Istanbul) wird zur Hauptstadt des „Neuen Roms" und damit zur Hauptstadt des Römischen Reiches.
um 400
Im Kolosseum finden die letzten uns bekannten Gladiatorenkämpfe statt.
410
Plünderung Roms durch die Goten.
476
Der letzte Kaiser Westroms, Romulus Augustulus, wird abgesetzt.
476–1453
Das Reich von Ostrom blüht etwa 1000 Jahre lang, bis Konstantinopel von den Türken erobert wird.

Glossar

Amphitheater
Ein Open-Air-Theater.
Amphore
Vorratsgefäß für Wein oder Öl.
Aquädukt
Wasserleitung in Brückenform.
Arena
Der Boden des Amphitheaters. *arena* heißt auf Deutsch „Sand".
Atrium
Eingangsbereich eines römischen Hauses.
Balliste
Katapult, das Steine schleudert.
Barbar
Für einen Römer alle Menschen, die nicht Römer waren.
Basilika
Ein öffentliches Gebäude mit Gericht, Büros und Geschäften.
Beinschiene
Metallschiene für Gladiatoren zum Schutz der Beine.
Bestiarius
Der Helfer eines Tierkämpfers, der in der Arena Tiere quälte.
Bürger
Ein Mann, der in Rom geboren war und römische Eltern hatte. Manche Bewohner der römischen Provinzen erhielten ebenfalls das Bürgerrecht.
Bulla
Glücksamulett für Kinder.
Calculator
Ein Mathematiklehrer.
Caldarium
Warmer Raum im römischen Bad.
Circus
Eine Rennstrecke.
Domus
Ein Stadthaus.
Editor
Ein reicher Veranstalter eines Gladiatorenkampfes.
Elysium
Der römische Himmel.
Etrusker
Ein Volk in Italien. Die Etrusker lebten nördlich von Rom.
Forum
Der Platz im Stadtzentrum. Hier fanden Märkte, politische Veranstaltungen und Prozessionen statt.
Frigidarium
Kaltwasserbecken in römischen Bädern.
Genius
Ein Schutzgeist im Haus.
Gladiator
Ein gut ausgebildeter Kämpfer, der mit dem Schwert (*gladius*) kämpft.
Gladius
Das Kurzschwert der Gladiatoren.
Graffiti
Auf eine Mauer geritzte oder gemalte Buchstaben und Zeichen.
Heide
Ein Mensch, der nicht an eine Religion glaubt, die nur einen Gott verehrt.
Kaiser
Der Herrscher des römischen Reiches (nach Julius Cäsar).
Kohorte
Einheit (480 Soldaten) einer Legion.
Konsul
Der oberste Regierungsbeamte in Rom.
Kreuzigung
Hinrichtung, bei der das Opfer an ein Holzkreuz genagelt oder gebunden wird.

Lanista
Ausbilder von Gladiatoren.
Lararium
Ein kleiner Hausaltar.
Laren
Schutzgeister des Haushalts.
Latium
Ursprungsgebiet der Römer.
Legat
Der führende Offizier einer Legion.
Legion
Heereseinheit von 4000 bis 6000 Soldaten.
Legionär
Ein Soldat einer Legion.
Litterator
Lese- und Schreiblehrer.
Ludus
Gladiatorenschule.
Palla
Ein Schal für römische Frauen.
Papyrus
Eine ägyptische Schilfrohrart, aus der Papier gemacht wurde.
Peristylium
Der Garten eines römischen Hauses.
Pilum
Der Wurfspeer römischer Soldaten.
Prätorianergarde
Die Bodyguards der römischen Kaiser.
Provinz
Ein Gebiet im römischen Staat.
Pugio
Der Dolch eines römischen Soldaten.
Republik
Ein Staat, der von gewählten Regierungsvertretern regiert wird.
Rhetor
Ein Lehrer für öffentliches Sprechen.
Römisches Reich
(1) Alle von Rom beherrschten Provinzen, (2) die Zeit, als Rom von Kaisern regiert wurde.
Rudis
Das Holzschwert, das man einem freigelassenen Gladiator überreichte.
Senat
Gruppe gewählter Adliger, später auch einfacher Bürger, die Rom regierten.
Socci
Hauspantoffeln.
Stola
Wichtige Kleidung der Römerin.
Strigil
Ein Schaber für die Körperpflege.
Stylus
Ein Griffel oder Schreibstift.
Sudatorium
Der heißeste Raum im römischen Bad.
Tartaros
Die römische Hölle.
Tepidarium
Becken mit lauwarmem Wasser im Bad.
Thermae
Ein römisches Badehaus.
Toga
Kleidungsstück römischer Männer.
Tribun
Mittelhoher Offizier einer Legion.
Triclinium
Esszimmer eines Privathauses.
Tunica
Eine Art Unterhemd.
Unctuarium
Massageraum in einem Bad.
Venatio
Tiershow in der Arena.
Villa
Großes Landhaus.
Vomitoria
Eingänge und Ausgänge der Arena.
Zenturio
Der Anführer einer Zenturie.
Zenturie
Eine Truppe von 80–100 Mann.

REGISTER

DANK

Dorling Kindersley dankt den folgenden Personen:
Marcus James für das Gestaltungskonzept, Dean Price für die Umschlaggestaltung und Chris Bernstein für die Erstellung des Registers.

Illustrationen von:
Russell Barnett 18ul.
Zusätzliche Fotografien von:
Joe Cornish, Mike Dunning, Simon James, Dave King, Liz McAulay, Karl Shone, Lin White, Alan Williams.

Bildnachweis

Der Verlag dankt folgenden Personen und Institutionen für die Erlaubnis zum Abdruck ihres Bildmaterials:
(m = Mitte, u = unten, l = links, r = rechts, o = oben)

Lesley and Roy Adkins Picture Library: 24-25, 24u, 25o.
Agence France Presse: Gabriel Bouys 36l.
AKG London: 22–23l, 34ol, 44ol, 83u, 84u; Eric Lessing 79ur, 82u; Eric Lessing/ Museo Nazionale Romano delle Terme 1m, 37om, 43um; Robert O'Dea 31ur; Vatican Museum 21ur.
Ancient Art & Architecture Collection: 20ul; Capitoline Museum Rome 16om; R. Sheridan 54ul.
The Art Archive: Galleria Borghese Rome 11or; Harper Collins Publishers 74o; Musee du Louvre Paris/Dagli Orti 30o; Museo Palazzo dei Conservatori Rome/Dagli Orti 68u; Dagli Orti 70u.
Ashmolean Museum, Oxford: 10ul.
Bridgeman Art Library, London/New York: 21o, 59o; Bonhams London 80–81u; Corporation of London 64u; Guidhall Art Gallery, Musee Crozatier Le Puy en Velay 39om; Museo Archeologico Nazionale 73o; Verulamium Museum 71o; Villa dei Misteri Pompeji 72m.
The British Museum: 6ul, 7or, 39ur, 58ul, 62ol, 66um, 69om, 69mr; Christi Graham und Nick Nichols 12ol, 42ul, 61ur, 77or, 80ol; Carl Shone 43or, 75u.
Corbis: Archivo Iconografico SA 52o; Gian Berto Vanni 40om; Bettmann/Corbis 3m, 8–9ul, 62–63u, 78o; Jan Butchofsky-Houser 66o; George Lepp 50ol; Araldo de Luca 13ur; Roger Wood 51u, 54-55o.
English Heritage: 28–29u.
Mary Evans Picture Library: 49ur, 60ol.
Gettyone Stone: Bernard Grilly 17um.
Ronald Grant Archive: 47um.
Sonia Halliday Photographs: 53um.
Robert Harding Picture Library: Roy Rainford 38.
Kobal Collection: Bryna Universal 40–41; Buitendijk,/Jaap/Dreamworks/Universal 45u; MGM 56–57.
Rheinisches Landesmuseum Trier: Dr Marcus Junkelmann/Gerhard Bortenschlager 12ul, 46ol, 48o.
Scala Group S.p.A.: 34u; Museo della Civilta Romana 5u, 14–15m, 85m.
University Museum of Newcastle: 26o.

Cover

Vorderseite:
Agence France Presse: Gabriel Bouys l

Rückseite:
British Museum: ul
Ermine Street Guard: or

Für weitere Informationen:
www.dkimages.com